일러두기

- 당시 나이는 국가기록원에 등록된 판결문을 참고하였습니다.
- 수감자카드는 국사편찬위원회를 참고하였습니다.
- 공적은 공훈전자사료관을 참고하였습니다.
- 이명(異明)은 표기하지 않았습니다.

대한독립,
평범한 사람들이
그곳에 있었다

그림 양경수

쉼

어둠의 시대, 찬란한 빛이 된 사람들

학창시절 역사 과목은 시험을 위해 무조건 외우기만 했던 시간이었다. 옳고 그름을 고민해보거나 사건의 배경에 어떠한 사실들이 있는지는 중요하지 않았다. 그저 문제로 꼭 나올 것 같은 인물, 연도, 사건을 달달 외운 뒤 시험이 끝나자마자 까맣게 잊어버리는 것이 내가 학교에서 공부한 우리 역사의 전부였다. 그때는 싫었지만 그렇게 억지로라도 공부를 했기에 아직 희미하게나마 역사적 지식이 남아있다고 생각한다.

그러나 지식이 남아있다고 하여 역사를 이해한 것은 아니었다. 국권을 피탈당한 시절, 참혹했던 일제의 지배에 맞서 강건하게 항거했던 우리 선조들의 발자취는 자세히 알지 못했다. 특히 우리나라의 근현대사는 복잡했던 만큼 이해관계도 다양하여 의견이 분분하다. 그래서 역사를 그냥 아는 것이 아니라 제대로 아는 것이 중요하고 역사를 알기 위한 노력은 점점 커지고 있다. TV나 인터넷에서는 한국사 강의와 시대극들이 꾸준히 방송되고 있고, 웃음이 목표인 예능에서도 우리 역사를 진지하게 접근하여 다루고 있다는 것은 그만큼 역사에 관심이 높아지고 있다는 것을 의미한다. 하지만 안타깝게도 오늘날 우리 아이들이 수업을 통해 역사를 만났을 때, 예전과 달라진 것은 거의 없다. 오히려 역사 과목은 더욱 더 시험이나 점수를 위한 수업이 되어가고 있다. 과거 우리는 역사를 강제로 빼앗겼는데 지금은 우리 손으로 우리 아이들이 역사를 제대로 배울 기회조차 주지 않고 빼앗고 있는 것은 아닐까. 나 역시도 억지로 역사를 외울 필요가 없는 어른이 되고 나자 비로소 우리 역사가 알고 싶어지지 않았던가.

수백만 관객을 동원한 영화 「암살」이나 「밀정」, 시대의 비극과 가슴 먹먹한 로맨스가 어우러진 드라마 「미스터 션샤인」 등으로 인해 일제 강점기 시절 독립운동가와 의병의 이야기는 우리에게 낯설지 않은 소재가 되었다. 하지만 영화나 드라마를 통해 본 선조들의 모습은 일부에 불과하다. 문득 그런 생각이 들었다. 과연 우리가 아는, 위대하고 훌륭하고 숭고한 분들만이 나라와 독립을 위해 싸웠을까? 홀로 그런 생각을 하고 있을 때, 이 책의 기획을 만났다. 일제 강점기 시절 서대문형무소에서 만든 수감자카드가 담긴 자료를 펼쳐보는 순간, 나도 모르게 가슴이 울렁이며 눈시울이 뜨끈해졌다. 한 번도 본 적 없는, 낯선 독립운동가와 의병의 이름과 민낯이 거기에 있었다.

이 책은 일제 강점기 시절, 서대문형무소에서 만든 수감자카드에 기록된 그들의 얼굴과 역사를 생생하게 보여준다. 그들은 하늘이 내린 영웅도 아니고 신출귀몰한 불사신도 아니었다. 그들 중에는 우리가 익히 알고 있는 독립운동가도 있지만 농부, 선생님, 출판사 직원, 간호사, 학생까지 다양한 직업을 가진 평범한 사람들이었다. 이들은 독립운동이라는 엄청나고 대단한 일에 투신한 투사가 아니라 그저 자신의 삶을 지키며 살고 있었던 평범한 사람들이었다. 그런데 일상을 살아가면서 독립운동을 하다가 형무소에 수감되어 옥고를 치른 이들의 사진 속 모습은 참담하고 처참하다. 모진 고문과 열악한 수감생활을 견디다 못해 끝내 옥중 순국하기도 했다. 서대문형무소에 수감되었던 선조들의 얼굴을 하나둘 그려나가면서 결국 나는 인정할 수밖에 없었다. 너나 할 것 없이 나라를 걱정하는 사람 모두가 한마음으로 독립을 위해 안과 밖에서 싸웠고, 그 결과 우리가 이렇게 대한민국이라는 독립된 나라에서 살 수 있게 되었음을 말이다. 이것은 결코 간과해서는 안 되는 사실이고, 잊어서는 안 될 우리의 생생한 역사이자 마음속 깊이 간직해야 할 긍지이자 자랑이다.

처음 이 책의 집필을 제안 받았을 때 가장 망설였던 부분은 부끄럽게도 나 자신이 우리 역사를 잘 모른다는 것이었다. '나도 잘 모르는데 역사에 관한 이야기를 과연 쓸 수 있을까?'라는 의문이 머릿속을 떠나지 않았다. 그러나 서대문형무소에 수감 되었던 수백 장에 달하는 독립운동가의 수감자카드를 받아보고 울컥한 마음과 더불어 이런 생각이 들었다.

'내가 비록 역사는 제대로 알지 못하지만, 독립을 위해 애쓴 분들이 이렇게도 많이 계셨다는 것을 알릴 수 있다면 의미 있는 일이 아닐까? 만약 그분들이 평화로운 시대에 살았다면 어떤 모습일지 그려보는 것도 그것 또한 의미 있는 일이 아닐까? 모진 고문과 열악한 환경 속에서의 수감생활로 인해 피골이 상접하고 온몸이 피폐해진 모습이 남아있는 수감자카드 속의 인물을 평화로운 시대의 삶을 누리는 듯 깨끗하게 복원하고, 반면에 우리가 잘 몰랐던 독립군의 활동 내용을 짧게나마 글로 함께 남긴다면 얼마나 좋을까?'

수감자카드에 담긴 분들은 평범하지 않은 시대를 살았던 평범한 사람이다. 불행한 시대를 살았으나 행복을 꿈꾼 사람들이며, 비참한 시대를 살았으나 비겁하지 않은 삶을 살았던 사람들이다. 도저히 상상할 수 없는, 상상하고 싶지 않은 시대를 용감하게 살아냈던 평범한 사람들의 모습은 그 자체로 먹먹한 울림을 주었다. 독립을 위해 자신의 삶을 기꺼이 포기하고 안팎에서 싸웠던 독립운동가들을 우리는 반드시 기억해야 한다. 이 책을 통해 참담했던 그 시절을 되돌아보고, 어둠의 시대에 평범한 삶을 살아가면서도 독립을 외쳤던 분들이 이토록 많았다는 것도 돌아보는 계기가 되었으면 좋겠다. 그리고 그분들의 삶을 잠시라도 생각하고 감사하는 시간을 갖게 되길 간절히 바란다.

도움을 주신 이영훈 님, 서익준 님에게 감사의 인사를 전합니다.

양경수

목차

제 1 장

'평화', 조용한 아침의 나라

Le Petit Journal 1907.08.04.

르 프티 주르날_프랑스 p. 242.

고요한 아침의 나라

“한국인들은 천성적으로 인내심이 강함에도 불구하고
몇 년 전부터 그들의 땅에서 행해지는 일본의 무례하고
약간은 잔인한 행위에 대해 반기를 들고 있다.”

출처: 국립중앙박물관 역사자료총서 17,
『19세기 말-20세기 초 서양인이 본 한국』, 2017, pp. 293-296.

서울의 폭동-한국을 지칭하는 시적인 표현은 어디서 유래된 것인가?-게으르고 불성실한 민족-흰색 의복-한국식 담뱃대와 일본식 담뱃대-극동 지역에서 마지막 남은 미지의 나라-관료주의를 신성시하는 곳-한국 법률-도시, 도로, 군대-한국인들의 애국심은 깨어날 것인가?

최근에 서울에서 사람들이 서로 죽고 죽이는 일이 벌어졌다. 극동 지역에서 '고요한 아침의 나라'라 불리는 한국이 평소의 고요함을 떨쳐 버리고 일본의 포악한 지배에 맞서 전면적으로 봉기한 것이다. 한국을 지칭하는 '고요한 아침의 나라'라는 시적인 표현은 어디서부터 유래된 것일까? 이에 대해 한국을 여러 차례 방문한 적이 있고 한국에 대해 큰 관심을 가지고 연구하고 있는 빌타르 드 라게리 기자에게 질문하였다.

그는 말한다. "한국의 기후는 중국인들이 부르는 한국의 공식 명칭인 '고요한 아침의 나라' 또는 '아침의 고요함'이라는 말 하나로 잘 표현된다. 한국의 아침은 사계절 내내 맑고 신선하며 가볍고 투명한 공기, 부드럽고 깨끗하며 매우 빛나지만 눈이 피곤하지 않은 햇빛, 깨끗한 청록색 하늘로 표현할 수 있다. 유럽인에게는 모든 것이 즐겁기보다는 놀랍고 불편하게 느껴지는 이곳에서 유일하게 매력적으로 다가오는 것이 바로 이 점일지도 모르겠다…."

이러한 고요함과 평온함이 이 나라 국민에게 영향을 미쳤을까? 인접 국가들과 구별되는 한국인들의 무기력하고 무관심한 성격은 기후에서 기인한 것일까? 신체적으로 한국인들은 보통 골격이 튼튼하고 키가 크다. 그래서 힘든 일도 잘할 수 있을 것처럼 보이지만 사실 일과는 맞지 않는 사람들이다. 천성적으로 나태하고 게을러서 잠자고 먹고 술 마시고 담배 피우는 것과 같은 본능적인 만족을 위해서만 존재하는 것처럼 보인다. 술은 사케라고 부르는 발효된 술을 매우 많이 마신다. 그래서 나이에 비해 일찍 늙는다.

한국에 살고 있는 한 외국 의사는 이곳에는 위생이라는 개념이 전혀 없다고 말한다. 그가 쓴 글의 일부이다. "한국인들은 절대 손을 씻거나 세수를 하는 법이 없다. 옷매무새에도 전혀 신경을 쓰지 않기 때문에 한 번은 한 영국인 여행자가 어떤 이를 가리키며 '자기가 만난 한국인 중에 가장 지저분한 사람'이라고 하였는데 사실 그 사람은 아주 깨끗한 사람이었다."

그런데 한 가지 이상한 사실은 이렇게 지저분한 민족이 거의 항상 흰색 옷만 입는다는 것이다. 한국 남자의 전통 의상은 양옆에 트임이 있는 튜닉(두루마기)과 통이 넓은 바지로 전체가 흰 면(綿)으로 이루어져 있다. 입는 사람들이 천성적으로 청결에 무심함에도 불구하고 지속적인 관리가 필요한 옷인 것이다. 관리는 지칠 줄 모르고 끊임없이 빨래를 해야만 하는 여성들의 몫이다.

여자들이 하루 종일 남편의 옷을 빨고 헹구고 풀을 먹이는 동안 남편들은 햇빛 아래서 즐겁게 담배를 피운다. 한국에서 담배는 모든 사회 계층을 막론하고 가장 큰 관심사이다. 옛날, 즉 일본의 지배가 시작되기 전에 한국인들은 길이가 1미터가 넘는 매우 긴 담뱃대를 사용하였다. 그들에게 긴 담뱃대는 민족적 자부심과도 같은 것이었다. 메로빙거 왕조 시대 사람들에게 긴 머리카락이 자부심이었던 것과 일맥상통한다. 일본인들은 상업적 이윤을 목적으로 수 세기 동안 이어져 온 한국의 담뱃대를 하루아침에 약 30센티미터 길이의 일본산 담뱃대로 바꾸게 하였다. 긴 담뱃대 사용을 금지하는 칙령을 발표한 것이다. 놀라움과 분노에 찬 한국인들은 저항하려 하였다. 하지만 긴 담뱃대를 발견하면 모두 부숴버리고 그 주인은 범죄자로 처벌하라는 명령이 경찰에 내려졌다. 결국 그때까지만 해도 지구상에서 가장 온순한 민족이었던 한국인들은 이에 복종하고 말았고 일본산 담뱃대만을 사용하게 되었다.

◆◆◆

지금으로부터 약 30년 전부터 일본은 한국에서 영향력을 행사하기 시작하였고, 한국인들은 이에 굴복하는 수밖에 없었다. 한국은 극동 지역에서 마지막 남은 미지의 땅이었다. 1882년 전까지 한국의 모든 항구는 유럽 국가들에 대해 닫혀 있었다. 그로부터 5년 전 일본인들만이 왕래를 시작하였고 서울에 외교대표부를 설치하기에 이르렀다.

이홍장은 '고요한 아침의 나라'에서 자행될 일본인들의 행태를 예상하고는 , 한국의 왕에게 일본이 얻고 있는 이익을 서양인들을 대상으로 똑같이 얻어내라고 조언하였다. 그 후 한반도의 항구들은 국제 무역을 위해 개방되었고, 외국 여행자들은 미지의 나라를 여행하며 그들만의 풍습을 마음껏 관찰할 수 있게 되었다.

인접 국가들에 비해서 사회가 열등해 보이는 것은 그들만의 기이한 풍습에 기인하는 것으로 보인다. 한국은 단지 게으름과 인습에 젖은 제국일 뿐만 아니라 관료주의에 의해 착취되고 있는 곳이다.

빌타르 드 라게리는 말한다. "한국에는 관료들이 넘쳐난다. 하나의 도에 주요 관공서의 장이 44명이나 되고, 각각이 400명의 직원을 거느리고 있다. 이외에도 수도 서울에는 정부 각 부처와 왕궁에 속한 담당관이 1만 명에 달한다. 공무원 수가 총 14만 6,000여 명에 이르는데, 전체 인구가 967만 명이므로 공무원이 인구 65명당 1명꼴인 셈이다." 프랑스에서도 소위 '세금 도둑(공무원)'들의 숫자가 계속해서 증가하고 있어 지탄의 대상이 되고 있지만 아직 이렇게까지 심각한 정도는 아니다. 그러나 한국인들의 부담을 더욱 가중시키는 것은 그 많은 관료가 수천 가지 방식으로 국민을 착취한다는 것이다. 그들은 국민에게서 모든 것을 강탈할 수 있는 징발권을 갖고 있는데 과도한 금액의 세금을 징수해도 아무런 제재를 받지 않는다. 이들은 공직에 머무는 기간이 3년 밖에 안 되기 때문에 이 짧은 기간 동안 자신들의 미래를 보장할 수 있는 기반을 다지려고 한다. 이를 위해 최악의 권력 남용이 아무렇지도 않게 저질러지고 있고 국민은 끊임없이 착취당한다.

◆◆◆

다음은 한국 법률에 대해 살펴보자. 한국의 법률은 세계적으로 유례가 없을 정도로 많은 내용을 포함하고 있으며, 독단적인 태도에는 호의적이고 자주적 행동에는 비판적인 면을 보인다. 한국의 법률에는 모든 것이 다 기록되어 있어서 아주 사소한 과실까지도 포함하여 모든 것을 징벌한다.

누군가 황제에 대해 이야기하면서 고개를 숙이지 않고 두 손을 들지 않거나 '폐하'라는 호칭을 쓰지 않으면 즉시 태형에 처해진다. 황제에게 감사의 인사를 전하러 궁에 온 사람이 의전이 정하는 방식을 착각해 실수를 한다면 역시 매질을 당하게 된다. 남자가 자신의 장모가 돌아가셨을 때 정해진 기간 동안 상복을 입고 있어도 마찬가지이다. 집을 짓거나 수레·옷·항아리 등을 사용할 때 정해진 규칙을 지키지 않으면 태형 10대에 처해진다.

왕궁 앞뜰에 허가 없이 들어가면 태형 100대이고, 후원에 들어가면 강제 노역에 끌려간다. 특히 왕궁 주방에는 절대 들어가지 않도록 조심해야 한다. 몰래 들어갔다가는 하찮은 토끼처럼 목이 졸려 죽을 것이기 때문이다. 또한 사람들의 운수를 점치다가는 매질을 당한다. 특히 나라와 관련된 예언을 하며 감옥에 갇히게 되니 조심해야 한다. 하지만 우연히 하늘에서 천재지변의 전조를 보게 되면 재빨리 해당 기관에 알려야 한다. 그렇지 않으면 3년간의 강제 노역에 처해질 수 있다. 한국의 법률에는 이처럼 단순하고 고지식한 내용들이

뒤죽박죽 섞여 있지만, 몇몇 공정한 조항들도 눈에 띈다. 공정성을 갖춰야 할 시험 감독관이나 상관의 환심을 얻기 위해 술책을 꾸미는 관료, 그리고 분야를 막론하고 추천 제도를 남용하는 사람을 대상으로 하는 다양한 징벌이 그것이다. 한국 법률은 '은밀하게 영향력을 행사하는 권력자'를 배척하는 내용을 담고 있는데, 이 점은 우리 프랑스 법률과 비교하면 훨씬 더 현명한 조항이다.

법관이 사법적인 실수로 부당한 형을 선고하거나 공무원이 권력을 남용하여 횡포를 일삼는 경우 처벌받게 된다. 추천해야 마땅한 뛰어난 재능을 지닌 인재를 알면서도 황제에게 알리지 않은 관료는 10년 유배형에 처한다는 조항도 있다.

이처럼 정의를 바탕으로 하는 구체적인 조항들이 있긴 하지만 그 외에 수많은 조항들은 개인의 자유와 자주적 행동을 방해한다. 한국 입법자들은 어떠한 사소한 범죄도 간과해서는 안 된다는 생각에 사로잡혀 법률 맨 마지막에 다음과 같은 기괴한 조항을 포함시켰다. "누구든지 하지 말아야 할 행동을 한 사람은 태형 40대에 처한다."

◆◆◆

법률 조항이 이토록 사소한 것까지 규정하는 것은 국민 스스로 적극적으로 행동하는 데 도움이 되지 않는다. 천성적으로 나태한 한국인들은 항상 보기에도 안타까운 인습에 갇혀 살아왔으며, 어느 누구도 본능적인 무기력함에서 벗어나도록 강요한 적이 없었다. 수도 서울을 포함한 전국 도시에는 지저분한 마을에 흙과 돌멩이, 짚으로 지은 오두막집들이 늘어서 있고, 사람들은 그 안에서 쓰레기와 해충이 난무하는 가운데 근근이 살아가고 있다. 도로는 크기에 따라 큰길, 중간 길, 오솔길 등 세 종류로 나뉘어 있지만, 사실상은 모두 작은 오솔길에 속한다.

이처럼 도로의 상태가 열악한 것은 일반 국민이 여행할 때는 반드시 걸어서 다녀야 한다고 규정해 놓은 이해하기 힘든 법률과 무관하지 않다. 말을 타고 다니는 것은 귀족들에게만 허용된다. 하천의 잦은 범람으로 인해 도로 사정은 점점 더 열악해지고 있음에도 불구하고 개선이 이루어지지 않고 있는 것이 바로 이런 이유에서이다. 도로 개선은 거의 찾아볼 수 없고 교량도 부족하다. 서울로 이어진 큰길에는 우체통이 있긴 하지만 공무원과 우편국 직원들만이 사용할 수 있다.

군대를 살펴보자면, 군인으로서의 정신 자세나 복장 면에서 볼 때 매우 우스꽝스러운 사람들이 모인 집단이다. 6,000여 명이 속한 보병 부대가 서울 내 여러 병영에 나뉘어져 있다. 그리고 여기에 포병대, 공병대, 기병대 및 호위대를 포함하여, 서울에는 모두 약 1만 명의 무장 군인이 있다. 그 외에 지방에는 3,000여 명의 군인이 여러 진지에 배치되어 있다. 아울러 1903년 서울에는 약 200명으로 구성된 헌병대가 조직되기도 하였다.

제복을 보면 헌병대는 용무늬가 있는 붉은색 튜닉을 입고, 기병대는 붉은색 조끼를 입는데, 모두 일본군 제복을 모방해서 만든 것이다.

무기로는 그라스, 모제르, 만리커 등 외국의 여러 나라에서 도입한 다양한 시스템의 소총과 일본의 최신 모델을 사용한다. 대포는 1902년 맥심을 도입하였는데, 구입할 때 파견된 기술자가 설치를 마치고 창고를 떠나자 창고에 조심스럽게 보관하였고 지금도 그 자리에 그대로 있다. 한국 포병들의 실력에 대해 이야기하자면, 제물포의 '장미섬(월미도)' 요새에서 다른 나라 군함을 향해 예포를 발사할 때마다 두 번째나 세 번째 발사에서 부상당하거나 죽는 포수가 생겼고, 한 번도 정해진 발사 횟수에 성공한 적이 없을 정도이다.

일본이 이 모든 것을 개혁하고자 한다면, 즉 한국인들의 전통적인 나태함을 뿌리 뽑고 열심히 일하게 하고 훌륭한 군인을 만들기 위해서는 앞으로 해야 할 일이 많을 것이다. 특히나 최근 며칠간 일어난 사건들을 목격하면서 많은 생각을 했을 것이다.

한국인들은 천성적으로 인내심이 강함에도 불구하고 몇 년 전부터 그들의 땅에서 행해지는 일본의 무례하고 약간은 잔인한 행위에 대해 반기를 들고 있다. 근본적으로 온화한 민족인 한국인들을 가까이서 지켜본 결과, 그들은 일본의 에너지를 깨뜨릴 수 있는 일시적인 충동과 폭력성 그리고 관성의 힘을 지니고 있다. 이제야 깨어나고 있는 한국인의 애국심이 스스로 무적이라고 믿고 있는 일본이라는 강력한 세력을 궁지에 몰아넣고 있다는 것은 참으로 신기한 일이 아닐 수 없다.

평화로웠던 조선시대 말기

100여 년 전, 우리의 삶은 풍요롭진 않았지만
삶을 이어가기 위한 노력과 열정은 남달랐다.
사람이 모이는 곳이면 어디든지 장이 섰고
어느새 시장은 백성들이 살아가는 데 필수가 되었다.

함흥시장
함흥성 아래로 시장이 만들어졌다.

백립을 쓴 상인들의 모습으로 보아
국상 중이었던 것으로 추측된다.

지게꾼은 지게로 짐을 날라주고
받는 보수로 생계를 꾸렸다.

어린아이 중에서 엿장수가 많았는데
그 이유는 엿의 부피가 그리 크지 않고
무게도 많이 나가지 않아
장사하기가 편했기 때문이다.

어린 엿장수와 지게꾼.

소쿠리의 값을 흥정하는 어린 상인.

교통수단이었던 당나귀를 타고 철로 위에 서 있는 양반.

가마꾼과 지게꾼.

조선시대 말기 경복궁 정문 광화문 전경.

마포 부근에서 여행길을 안내하는 두 사람의 모습.

상투를 튼 아버지.

소박한 시골길.

사람들이 모여 살기 위해 생겨난 촌락은

농사를 지을 수 있는 여건과

교통이 편리한 곳에 형성되었다.

시골 서당 댓돌 위에 나막신과 짚신이 어지럽게 놓여 있다.

평화로운 시절.

Happer's Weekly 1904. 02. 20.

하퍼스 위클리_미국 pp. 269-270, p. 272.

한국의 운명

일본이 러시아와의 전쟁을 위해 산악지대가
많은 한국을 행군한다고 한다.

"한국은 언제나 분명하게 독립된 하나의 왕국으로 존재해왔다.
중국과 일본이 번갈아 가며 한국을 속국으로 삼기 위해
경쟁을 벌였지만, 이 나라는 언제나
고유한 사회·윤리·정치 체제를 유지해왔다.
한국은 매우 흥미롭고 가치가 높은 당당한 역사를 가진 나라였고,
일본에 문물·종교·예술을 전해주었다."

한국은 극동 지역에서 벌어지는 싸움(러일전쟁)의 희생양이 될 운명인 것 같다. 오래전부터 만주는 독립된 하나의 국가는 아니었다. 1644년 현재의 청 왕조가 중국을 침략하여 중국의 정복자가 된 이후, 만주는 점차 무시 받는 외딴 속국의 지위로 전락했고, 이제는 퇴보하는 나라에서도 가장 퇴보하는 지역이 되었다.

중국인들이 갖는 만주인에 대한 인상은 무크덴(선영의 옛 이름인 봉천)에 있는 중국을 정복한 외국인 지도자(누르하치)의 무덤이 큰 영향을 미친다. 지금도 무장을 하고 호전적인 만주인들이 중국에서 부대를 꾸리고 있기 때문에, 한족에게 만주인들의 유적이 곱게 보일 리가 없다.

한국은 언제나 분명하게 독립된 하나의 왕국으로 존재해왔다. 중국과 일본이 번갈아 가며 한국을 속국으로 삼기 위해 경쟁을 벌였지만, 이 나라는 언제나 고유한 사회·윤리·정치 체제를 유지해왔다. 한국은 매우 흥미롭고 가치가 높은 당당한 역사를 가진 나라였고, 일본에 문물·종교·예술을 전해 주었다.

신체적으로도 한국인들은 이웃 나라 일본인들보다 더 양호하다. 이 '은둔의 왕국'을 방문한 적이 있는 사람들은 한국인이 중국인들보다 훨씬 잘생겼다고 말한다. 그리고 중국인들은 일본 천황의 신민들보다 신체적으로 우수하다. 한국은 일본의 무자비한 침략으로 끊임없이 고통을 겪었다. 현재 역사가들은 한결같이 이 '은둔의 왕국'이 쇠락하게 된 운명과 용기를 상실하게 된 불행의 근원을 일본의 마지막 침략에서 찾는다.

우리가 일본 고유의 것이라 생각했던 서예·과학·종교는 물론 최고의 회화와 디자인 작품 그리고 도공들도 한국에서 건너간 것이다. 이러한 위대한 선물에 대한 보답으로 일본인들은 한국의 비옥한 땅 여기저기를 황폐화시키고 있다. 동양의 여러 민족 가운데 한국인들이 일본인을 싫어하는 것만큼 다른 민족을 싫어하는 경우는 없을 것이다.

한국은 매우 아름답고 비옥한 땅을 가진 나라이다. 그러나 다년간 정치적 병폐를 겪고 있다. 이 문제를 보다 잘 이해하려면 비근한 예를 찾아봐야 할 것이다. 한국이 겪고 있는 토지 문제는 아일랜드의 토지 문제와 거의 동일하다. 차이점이 있다면 아일랜드는 토지 소유자들이 외국의 정복자와 지배자들, 즉 다른 신앙을 가진 다른 인종으로 너무나 잔혹한 사람들이었다는 점이다.

그러나 경제적인 측면에서 한국과 아일랜드가 갖는 토지 문제의 핵심은 동일하다. 바로 연간 토지 임대권이다. 임차인이 토지를 개간하고 배수를 정비하여 토지를 비옥하게 개량할 때마다 토지 소유권자는 임대료를 인상할 권리는 가진다는 점이다. 아일랜드와 마찬가지로 한국도 이 제도 때문에 소작농들은 가난에서 영원히 벗어나지 못하고, 발전의 희망이란 꿈도 꿀 수 없게 되었다. 토지 소유주가 해당 토지 지역에서 살지 않는다는 점은 아일랜드나 한국이나 마찬가지이다. 지주 계층은 사도와 전투 이전의 비엔나 궁중 생활이나 헝가리 의회에서나 볼 수 있을 것 같은 매우 화려

한 볼거리와 의상, 사치스러운 격식으로 대표되는 궁중 문화의 쾌락과 향락을 즐기기 위해 전부 도성으로 간다.

두 번째 병폐는 더욱 심각한 문제인데, 터키 지배하의 불가리아-마케도니아의 관계를 대입시켜보면 그나마 조금 이해할 수 있을 것이다. 바로 갈취와 부정으로 점철된 조세 징수 도급의 문제이다. 통찰력 있는 한 정치 논객이 고대 루마니아의 콘스탄티노플 계층 구조를 '수직적 성직 매매 구조'라고 표현한 적이 있다. 한국의 정부 조직은 '수직적 갈취 구조'라고 말해도 어느 정도 타당할 것이다.

한국의 소작인들은 오늘날 실제 영주제가 존재하는 인도의 소작농들처럼 고통에 허덕이며 세를 낸다. 게다가 바로 변덕스럽고 가혹한 처벌 조항과 그에 따르는 잔혹하고 야만적인 형법의 피해자라는 점이다. 인도의 경우 영국·인도 제국이어서 법 집행을 매수하거나 연기하는 것은 불가능하다는 점에서 인도의 농부가 상당한 이점을 가지고 있다.

또한 한국 정부는 국가가 백성을 위하여, 그리고 나라의 자원을 개발하고 배분하기 위하여 존재한다는 근대적 국가 이론을 받아들이지 않는다. 정부는 매우 큰돈을 들여서 조정의 안위를 군대를 동원하지만 실제로 외세의 적 앞에서는 완전히 무능하였다. 우리가 파악한 이 은둔의 나라의 내부 실정은 상당히 정확하다.

1894년 청일전쟁 직전과 전쟁 동

안에 한국의 근대화를 시도했던 일본에게 순수한 사명 의식과 더불어 사심이 없지 않았다는 것은 의심의 여지가 없다. 당시 우리의 근대 민주주의의 기준으로 보았을 때, 한국이 일본으로부터 16년간 선진 문물을 받아들인 것은 잘한 일이고, 확실히 그 기간에 경이로운 발전을 이루었다.

한국에 대한 일본의 의도는 '조용한 아침의 나라'를 일본과 유사하게 대대적으로 개혁하는 것이었다. 그러나 한 나라가 다른 나라에서 별일 없이 스승의 역할을 하려면, 더구나 상대국이 격렬하게 저항하고 과거 15세기 동안 침략을 받아 재난을 겪었고, 개혁하려는 세력을 불신하고 증오하는 상황이라면 16년으로는 부족하다.

일본은 무자비하게 자신의 임무에 착수하였다. 한국의 왕을 감금하고 왕비를 살해(을미사변)하였다는 점은 일본이 수단을 가리지 않았다는 것을 입증한다. 일본이 수립한 개혁안은 근사하게 보이지만 한국 사회에 정착되지 않았다. 일본의 휘호 아래 강제적으로 만들어진 '신한국' 사회는 3-4년 이내에 무너졌고 산산이 부서졌다. 일본인들은 부산과 제물포 등 한국의 곳곳에 정착하기 시작하였다. 일본은 우편과 전신 체제의 기초 시설을 만들었다. 이것이 (한국에) 이로운 것임에는 분명하지만, 동시에 한국은 일본에 관한 모든 것에 엄청난 적개심을 가지게 되었고, 결국 한국의 문명개화는 뒷걸음치게 되었다.

이제 일본은 한국의 독립과 주권을 인정하는 모든 조약에도 불구하고, 다시금 한국에 개입하려고 결심하였다. 그리고 한국은 현대 사회에서 물리적 힘이 어떻게 사용되는지를 경험하며 그에 대한 교훈을 얻게 될 것이다. 만약 일본의 후견인 역할이 일시적으로 끝난다면, 한국에게는 다행스러운 일일 것이다. 그러나 한국이 영구적으로 일본 제국에 합병된다면 똑똑하고 뛰어난 재능을 가졌지만 불행한 운명을 타고 난 한국인들에게 그보다 더 가슴 아픈 일은 상상할 수 없다.

또한 서구 열강에 이보다 더 좋지 않은 일도 없다. 일본은 백인 상인들이 자국에서 성공을 거둔 것처럼 한국에서도 성공을 거두게는 하지 않을 것이기 때문이다. 일본 천황의 자문관들이 생각하는 궁극적 목표는 일본의 영향 아래에 있는 전 영토에서 백인들을 점차 퇴출시키는 것이다. 그리고 이 원칙은 어김없이 한국에도 적용될 것이다. 중국인 배척법이 있는 우리로서 이것에 대해 불만을 제기하기는 거의 불가능하다.

The Fate of Korea

KOREA seems destined to be the sacrificial victim in the Far-Eastern struggle. Manchuria has long ceased to be an independent political entity. From being the conqueror of China, when the present dynasty invaded and subdued the Middle Kingdom in 1644, Manchuria steadily sank to the status of a somewhat neglected outlying dependency, the most backward part of a backward empire. Its hold on the Chinese imagination lay in the presence, at Mukden, of the tombs of China's foreign conquerors, and as the Manchus are even to-day an armed and hostile garrison in China, the relics of their ancestors are not very dear to the native Chinese. Korea has never ceased to be a separate and distinct kingdom, with a defined social, moral and political life of its own, in spite of the rival claims of suzerainty alternately put forth by China and Japan. Korea has a heroic history of intense interest and value, and stands as the bringer of light, religion and art to the Japanese.

Physically, the Koreans are a finer people than their neighbors of Japan, and visitors to the Hermit Kingdom speak of them as being much handsomer than the Chinese, who, in their turn, are, in physique superior to the Mikado's subjects. The Koreans have been devastated again and again by ruthless Japanese invasions, and to the last of these all historians unite in ascribing the present fallen fortunes and broken courage of the Hermit Kingdom. Korea gave Japan the art of letters, science and religion, as well as the best models and craftsmen in all those arts of painting and design which we think of as characteristically Japanese. In return for these great gifts, the Japanese again and again spread desolation through her fertile valleys. No Eastern people detests another so strongly as the Koreans detest the Japanese.

Korea is a land of extreme beauty and fertility, though it has for years suffered from certain political evils which we may the more easily understand as they have analogies nearer home. It has a land question almost identical with the Irish land question, except that, in Ireland, the landlords were additionally odious as representatives of foreign conquest and foreign domination, the rule of an alien race and an alien faith. But in both Korea and Ireland, the heart of the land question, economically speaking, was the same: a year-to-year tenancy, which gave the landlord the right to raise the rent every time the tenant improved his holding by clearing, draining, building or fertilizing. This system, in Korea, as in Ireland, kept the peasant class in perpetual poverty, and made all hope of progress for them impossible. The absenteeism of the Irish landlords was repeated in Korea, as the land-owning class invariably streamed to the capital, to take part in its pleasures and amusements, and to participate in the court life which, for splendor of pageantry and costumes, and for elaborate detail of etiquette, was a close second to the court of Vienna in the days before Sadowa and the legislative secession of Hungary.

A second evil, and a very serious one, in Korea, we can best realize by what we have recently read of Bulgarian-Macedonia under Turkish rule: it is the evil of tax-farming lined with extortion and dishonesty. A political writer of much acuteness has spoken of the Constantinople hierarchy in the Rumania of olden days as "a cascade of simony"; we might, with some justice, speak of the governmental system of Korea as a "cascade of extortion." The peasant groans and pays the bill, just as he does in the practically feudal India of to-day. But the Korean peasant is further the victim of a cruel and barbarous criminal law, with punishments as capricious as they are severe, and here the Indian ryot has immeasurably the advantage, since, in the British-Indian Empire, the law can neither be bought nor delayed.

Add to this that the central government has never assimilated the modern doctrine that governments exist for the good of the people, and to develop and distribute the resources of the country; and that the Korean army was a costly luxury of the court, but wholly inefficacious against foreign foes, and we have a fairly true estimate of the internal condition of the Hermit Kingdom. Nor can it be doubted that Japan was inspired by genuine missionary zeal, accompanied, without doubt, by feelings less disinterested, in her attempt to modernize Korea, immediately before and during the war with China in 1894. Japan had then some sixteen years of civilized existence, in our modern democratic sense, to her credit, and had certainly done wonders within that time. Her intentions towards Korea involved an equally sweeping reformation for the land of "Morning Calm." But more than sixteen years of national life are needed before a kingdom can safely become the mentor of another, especially if that other strenuously objects, and has already, through fifteen centuries of calamitous invasions, grown to distrust and hate the would-be reformer.

The Japanese went at their task with a certain ruthless vigor, and the imprisonment of the Korean sovereignty, and the murder of the Korean Queen were symptomatic of their strenuous methods. They drew up schemes of reform which read admirably, but which took no root among the Koreans, and within three or four years the whole fabric of "New Korea" thus violently born under Japanese auspices, toppled and fell to pieces. The Japanese had secured settlements in various parts of Korea, such as Fusan and Chemulpo, and they had built the rudiments of a postal and telegraph system which are undoubtedly of benefit; but, at the same time, they managed to add to the keen animosity with which the Koreans viewed everything Japanese, and the work of civilization in Korea was thus set back and hindered.

Japan is now determined to try again, in spite of all treaties guaranteeing Korean independence and sovereignty; and Korea is likely to learn some rude lessons concerning the modern application of material forces. Good may result from this to Korea, provided that Japan's tutelage is only temporary. But nothing more hurtful to the genius and destiny of the gifted but unfortunate Korean race could be imagined, than a permanent merging of their kingdom within the Mikado's Empire. Nor, it may be added, could anything be conceived, less likely to benefit the western powers, including the United States; since the Japanese will soon make it as impossible for a white merchant to succeed in Korea as it now is in Japan. The ideal of the Mikado's advisers includes the gradual ousting of the white race from all territory under Japanese influence; and this doctrine would undoubtedly be applied to Korea. With our Chinese exclusion laws, we are hardly in a position to complain.

가등정웅 加藤政雄

1905년 11월

본적 정강 안배 유도 상원 **직업** 철도 국고원

죄명 치안유지법 위반_ 2년

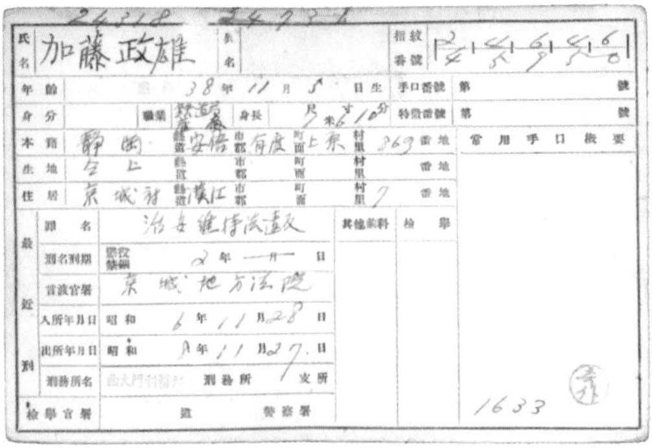

24318 24731

氏名	加藤政雄	指紋番號	2 4 5 5 6 9 5 5 6 0
年齡	38 年 11 月 5 日生	手口番號	第 號
身分	職業 鉄道局 (?) 身長 5 尺 6 寸 10 分	特徵番號	第 號
本籍	靜岡 縣 安倍 郡 有度 村 上原 369 番地	常用手口概要	
生地	仝上		
住居	京城府 漢江 町 7 番地		
最近刑 罪名	治安維持法違反	其他前科	檢擧
刑名刑期	懲役 2 年 — 月 — 日		
言渡官署	京城地方法院		
入所年月日	昭和 6 年 11 月 28 日		
出所年月日	昭和 8 年 11 月 27 日		
刑務所名	西大門刑務所 刑務所 支所		
檢擧官署	道 警察署		1633

강동범 姜東範

1872년 10월

본적 함경북도 성진부 농성면 **신분** 상민 **직업** 농업인

죄명 치안유지법 위반_ 2년

전동만(全東滿) 폭동위원회의 지휘 아래 반일 폭동 준비에 가담하였는데, 폭동위원회에서는 무기와 자금을 마련하여 5월 1일 폭동을 일으키기로 결의하였다. 그러던 중 3월 하순 일본군 간도 총령사관이 폭동의 조짐을 알아차리고 '제3차 간도공산당 검거 사건'으로 체포 명령을 내려 5월 중순까지 모두 130여 명이나 되는 인원을 검거하였는데 이때 함께 체포되었다.

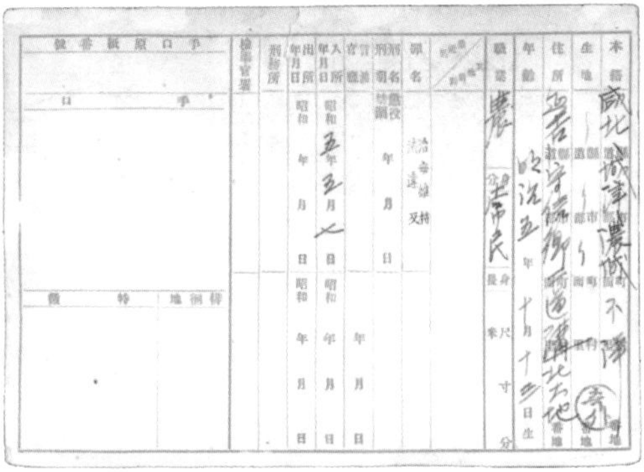

강대호 姜大浩

1905년 2월

본적 경상남도 김해군 하계면 진영리 **신분** 상민 **직업** 동아일보 기자

죄명 치안유지법 위반_ 3년

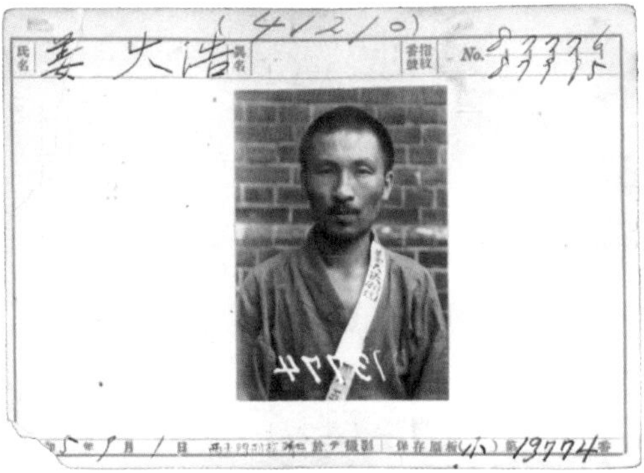
(41210)
氏名 姜大浩
19774

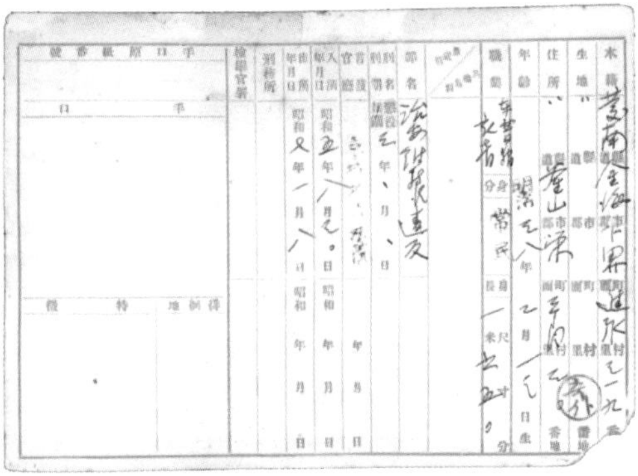

강병학 康秉學

1916년 6월
당시 나이 19세

본적 평안남도 평양부 경제리 **직업** 자동차 운전수

죄명 폭탄 투척

1934년 일본은 전사한 군인들의 초혼제를 거행하기 위해 상해신사에 모였을 때 일본의 고관 암살을 목적으로 폭탄을 투척했다. 한국독립당 이사로 활동하였다.

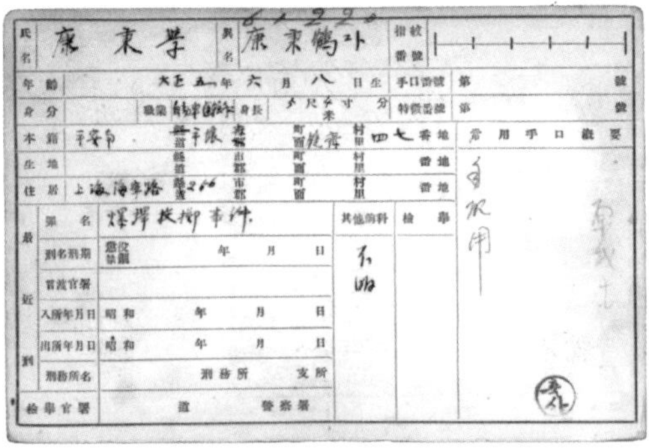

氏名 康東学 異名 康東鶴 指紋番號

年齢 大正 五 年 六 月 八 日生 手口番號 第 號

身分 職業 身長 尺 寸 分 特徴番號 第 號

本籍 平安南 道 平壤 府 番地

生地 縣道 市郡 町面 村里 番地

住居 上海 縣道 市郡 町面 村里 番地

最近刑 罪名 爆弾投擲事件 其他前科 檢擧

刑名刑期 懲役 禁錮 年 月 日

言渡官署

入所年月日 昭和 年 月 日

出所年月日 昭和 年 月 日

刑務所名 刑務所 支所

檢擧官署 道 警察署

常用手口概要

강성구 姜星求

1912년 8월
당시 나이 22세

본적 충청남도 부여군 장암면 장하리 **직업** 신문기자

죄명 치안유지법 위반_ 1년

공산주의 비밀 결사 조직을 결의하여 이를 화성당이라 칭하고 공산주의 사회 실현을 위해 활동하였으나 동지 규합에 실패하여 계획을 포기하였다.

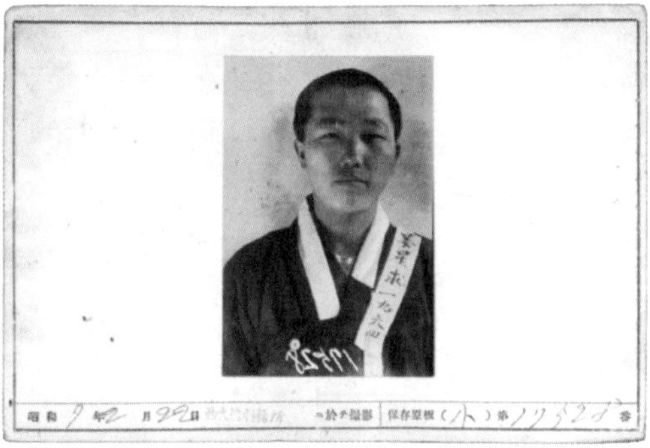

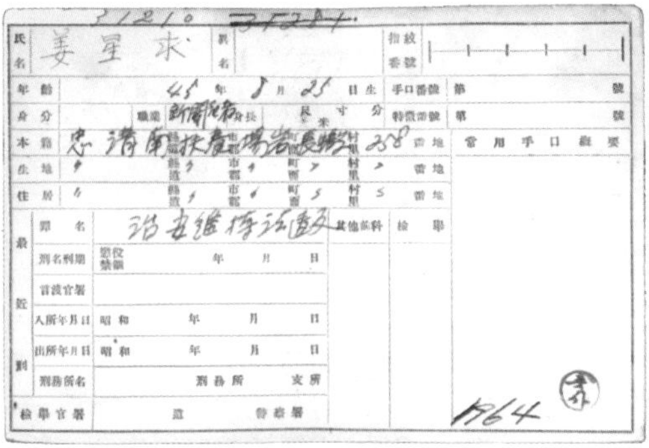
氏名 姜星求
年齡 45年 8月 25日生
職業 新聞記者
本籍 忠清南道扶餘郡場岩面長蝦里 238番地
罪名 治安維持法違反
1964

강수성 康守盛

1903년 5월

본적 경기도 경성부 죽첨정 **신분** 상민 **직업** 인쇄 직공

죄명 치안유지법 위반_ 3년

경성 인쇄직공조합 집행위원을 맡았다. 부산 인쇄 공장 노동자 파업을 지지하기 위해 마련된 서울의 강연회에서 '노동운동의 유래와 조선의 현상'이라는 제목으로 연설했다. 고려공산청년회에 가입해 고려공청 일본부 재건에 참여하여 검사 위원을 맡았고 1928년 '제3차 조공 검거 사건' 때 검거되었다.

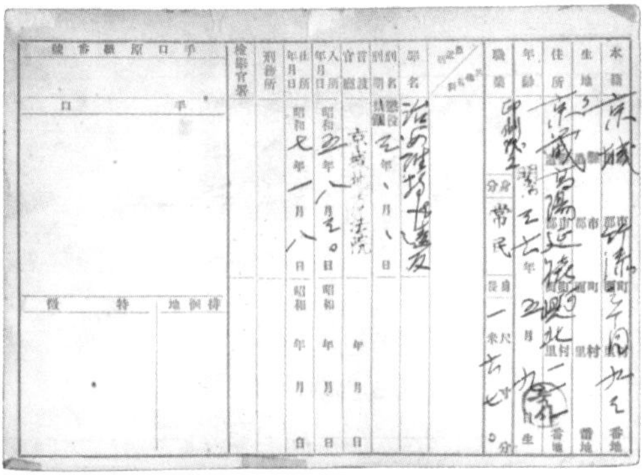

강용진 姜鏞振

1907년 1월

본적 함경남도 홍원군 용운면 대흥동리

죄명 치안유지법 위반_ 2년 6월

고려공산청년회 만주 총국에 가입하여 두도부 군간부, 세린하 야체이까원, 평강군 간부로 활동했다. 1928년 9월 '제2차 간도공산당 검거 사건'으로 검거되었다.

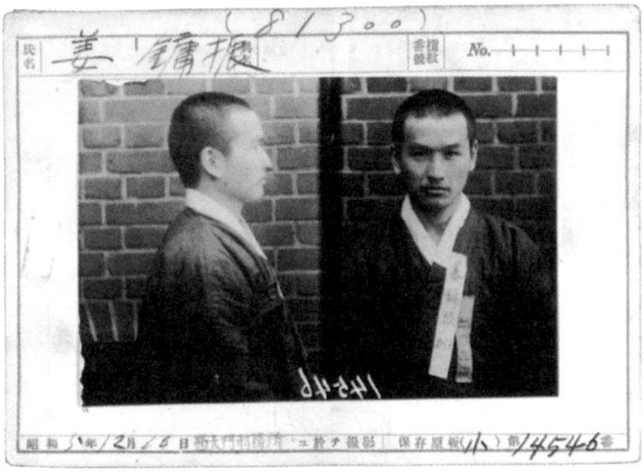

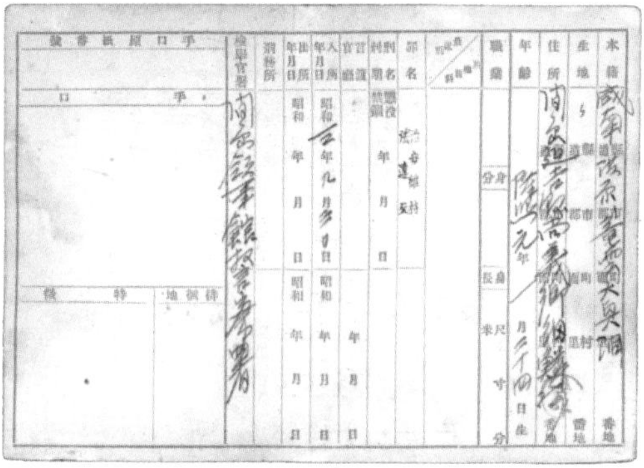

강윤희 姜潤熙

1908년 8월
당시 나이 33세

본적 경상남도 창원군 진전면 봉곡리 **신분** 상민 **직업** 출판인

죄명 출판법 위반_ 6개월

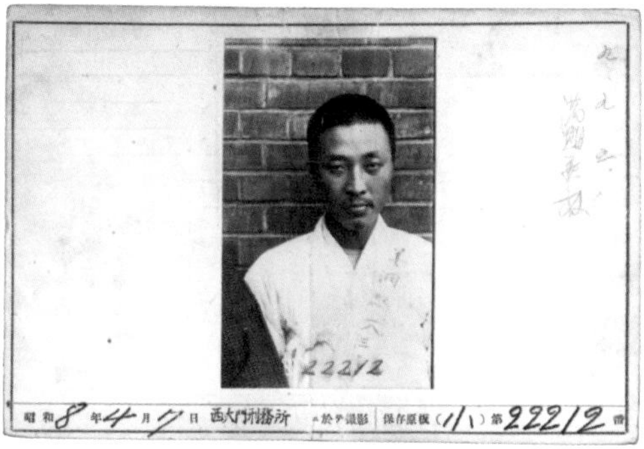

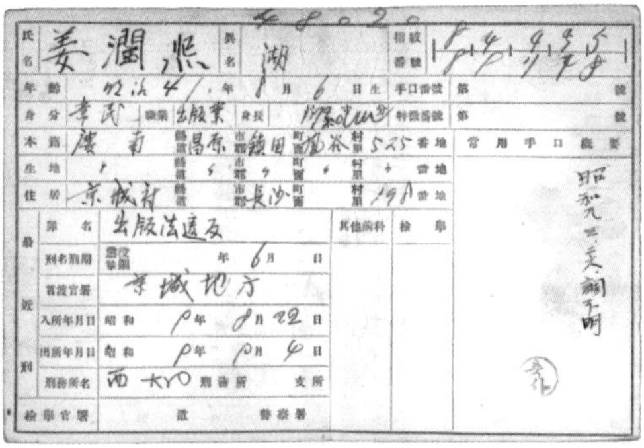

氏名	姜潤熙	異名	湖	指紋番號	
年齡	明治 41 年 8 月 6 日生			手口番號	第 號
身分	常民	職業	出版業	身長	特徵番號 第 號
本籍	慶南	郡 昌原	邑 鎮田	村 525 番地	常用手口槪要
生地				番地	
住居	京城府		長沙	198 番地	
罪名	出版法違反			其他前科	檢擧
刑名刑期	懲役 禁錮 6 月				
言渡官署	京城地方				
入所年月日	昭和 8 年 8 月 22 日				
出所年月日	昭和 8 年 8 月 4 日				
刑務所名	西大門 刑務所 支所				
檢擧官署	道 警察署				

김백평 金栢枰

1900년 8월
당시 나이 21세

본적 전라남도 여수군 여수면 서정 상정리 **신분** 양반 **직업** 학생

죄명 보안법, 출판법 위반_ 10월

독립만세운동 학생단으로 선언문을 배포하였고, 군중과 함께 조선독립만세를 부르며 경성부 내를 행진하면서 조선독립만세운동을 하였다.

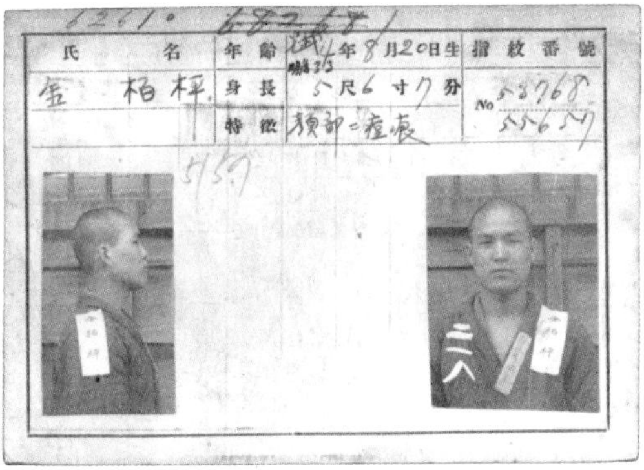

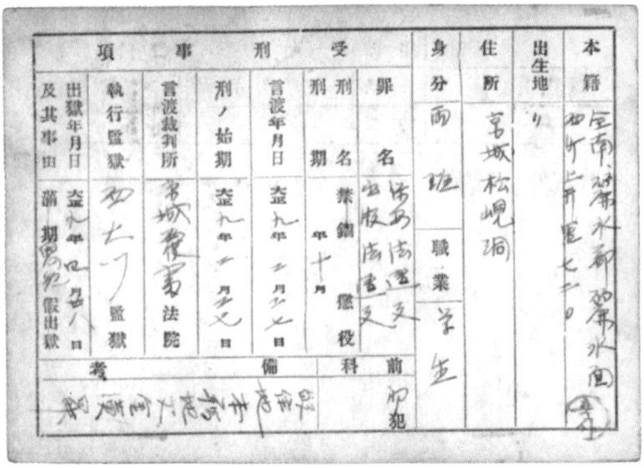

김성수 金聖壽

1900년 7월

본적 경상남도 밀양군 부북면 춘화리

죄명 살인예비방조, 치안유지법 위반_ 18년

중국 망명 후 의열단 및 남화 한인 청년 훈맹 등 혁명단 단원으로 주한일본공사 등 일본의 거물급 요인 폭살 계획에 관련된 것 외에 치열한 독립운동을 전개하다 피체되었다.

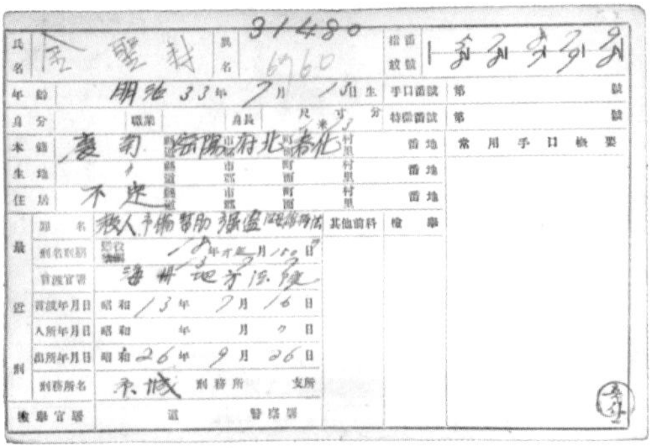

독고전 獨孤佺

1889년 2년

본적 평안북도 의주군 고성면 등하동 **직업** 지국원

죄명 치안유지법 위반_3년

1924년 3월 꼬르뷰로 국내부 신의주 야체이카 책임자가 되었고, 11월 조선일보 신의주 지국을 경영하게 되었다. 1925년 4월 17일에 개최된 조선공산당 창립대회에 참가하였다. 그해 5월 신의주에서 국경청년연맹 결성에 참가하여 검사 위원, 조공 및 고려공청의 해외 연락원이 되었다. 12월 제1차 조공 검거 사건으로 일본 경찰에 검거되었다.

동철봉 董哲峰

1911년 12월

본적 함경북도 명천군 하가면 남산동

죄명 치안유지법 위반_ 5년

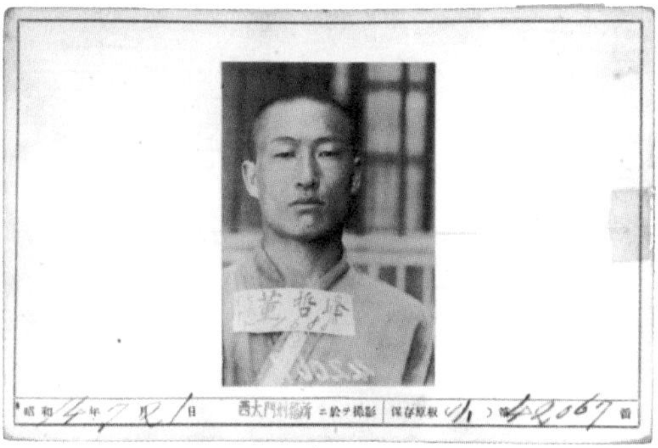

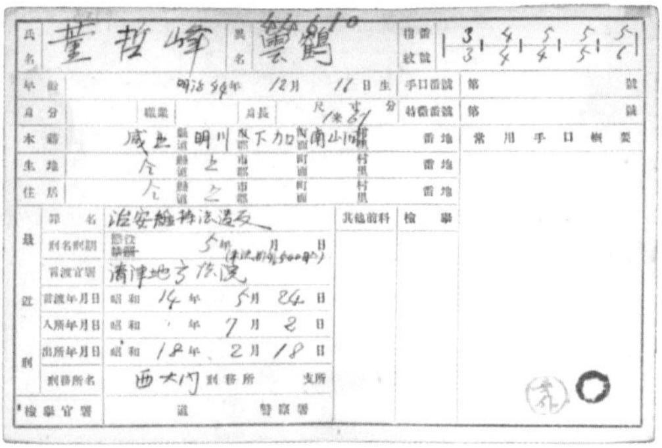

氏名	董哲峰	異名	雲鶴
指紋番號	3/3 4/4 5/4 5/5 5/6		
年齡	明治 44年 12月 11日生	手口番號	第 號
身分	職業 身長 尺 寸 分	特徵番號	第 號
本籍	咸北 道 明川 郡 下加 面 南山洞	番地	常用手口概要
生地	仝 道 上	番地	
住居	仝 道 之	番地	
罪名	治安維持法違反	其他前科	檢擧
刑名刑期	懲役 5年 月 日		
言渡官署	淸津地方法院		
言渡年月日	昭和 14年 5月 24日		
入所年月日	昭和 年 7月 2日		
出所年月日	昭和 18年 2月 18日		
刑務所名	西大門 刑務所 支所		
檢擧官署	道 警察署		

대장경미 大場景美

1911년 5월

본적 복강 조창 추월 12 **신분** 사족 **직업** 인쇄 직공

죄명 출판법, 치안유지법 위반

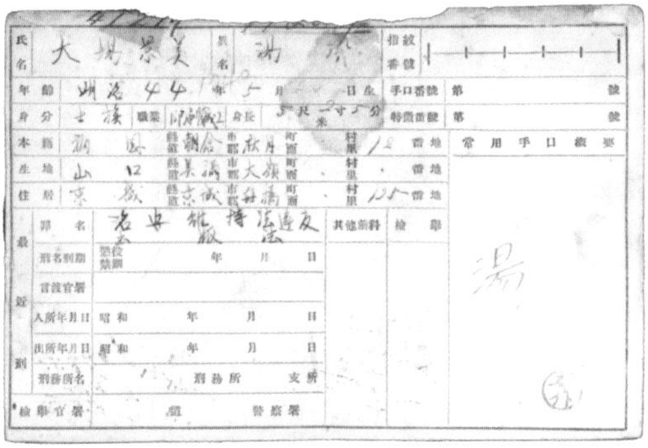
氏名 大場景美
別名
指紋番號
年齡 明治44年5月　日生
手口番號 第　號
身分 士族
職業
身長
特徵番號 第　號
本籍　縣道　市郡　町面　村里　番地
生地 山口 縣道 美禰 市郡 大嶺 町面　村里　番地
住居 京畿 縣道 京城 市郡　町面　村里　番地
常用手口摘要
罪名 治安維持法違反
其他前科
檢擧
刑名刑期 懲役 禁錮　年　月　日
言渡官署
入所年月日 昭和　年　月　日
出所年月日 昭和　年　月　日
刑務所名　刑務所　支所
檢擧官署　道　警察署
湯

20775
昭和7年10月11日東大門署ニ於テ撮影 保存原板(小)第20775番

박의송 朴義松

1886년 7월
당시 나이 34세

본적 평안남도 안주군 안주면 칠성리 **신분** 상민 **직업** 잡화상

죄명 출판법, 보안법 위반_ 2년

서울에서 독립선언서를 전달받아 극비리에 준비하고 있다가 1919년 2월에 거사하였다. 이때 수백 명의 시위 군중이 집결되어 독립선언서를 배부하며 연설을 하고 시내를 행진하다 피체되어 징역 2년을 받아 복역 중 극심한 고문을 받은 후유증으로 빈사 상태에서 보석되었다가 순국(옥중사 간주)하였다.

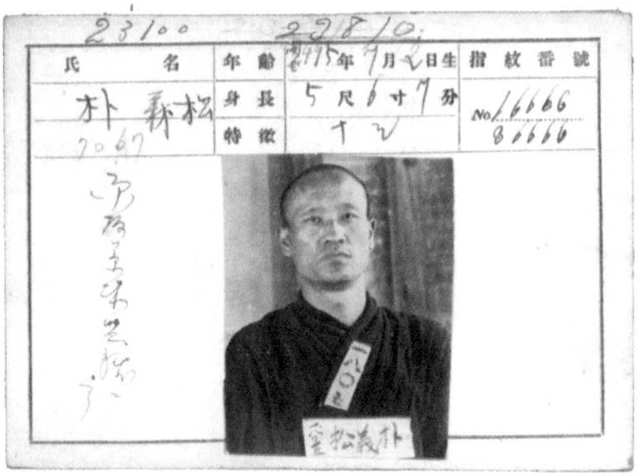

氏名 朴義松

年齢 年 月 日生

身長 5尺6寸7分

特徴

指紋番號 No. 16666 86666

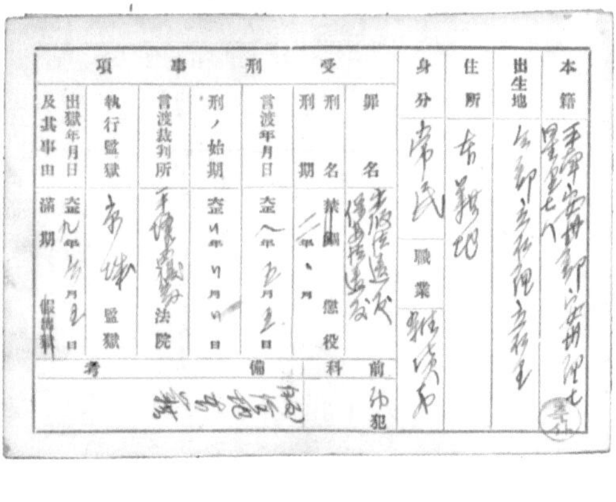

受刑事項

罪名

刑名 懲役

刑期 二年

言渡年月日 大正八年 五月 五日

刑ノ始期

言渡裁判所 法院

執行監獄 監獄

出獄年月日及其事由 大正九年 月 日 滿期 假出獄

身分 常民

住所

出生地

本籍

職業

前科 犯

備考

윤병길 尹炳吉

1915년 1월

본적 경기도 경성부 당주동 **신분** 양반 **직업** 무직

죄명 치안유지법 위반_ 3년

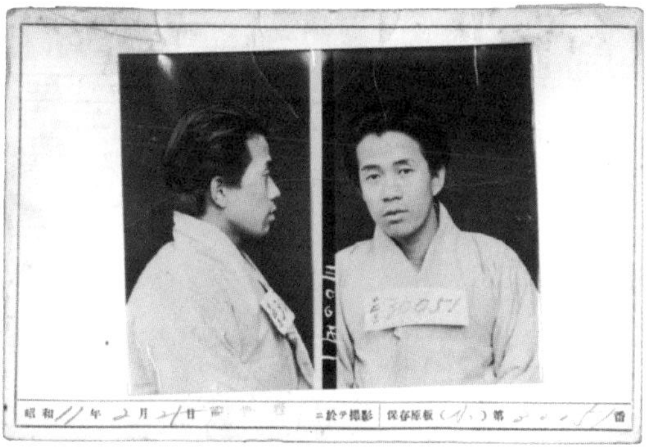

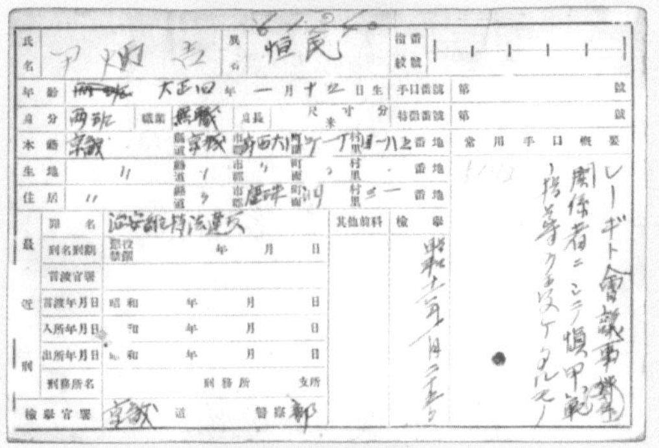

氏名 尹炳吉 　異名 恒民 　指紋番號

年齢 大正四年一月十四日生 　手口番號 第 號

身分 両班 　職業 無職 　身長 尺 寸 分 　特徴番號 第 號

本籍 京畿 道 京城 府 西大門町一丁目 一八之 番地

生地 〃

住居 〃 　道 〃 　郡 廣州 面 [illegible] 里 三一 番地

常用手口概要

レーギト會議事件關係者ニシテ愼甲範ノ指導ヲ受ケタルモノ

最近ノ刑 　罪名 治安維持法違反 　刑名刑期 懲役 禁錮 年 月 日 　言渡官署 　言渡年月日 昭和 年 月 日 　入所年月日 昭和 年 月 日 　出所年月日 昭和 年 月 日 　刑務所名 刑務所 支所

其他前科

檢擧 昭和十一年一月二十五日

檢擧官署 京畿 道 警察部

윤자영 尹滋瑛

1894년 9월
당시 나이 26세

본적 경상북도 청송군 청송면 금곡동 **신분** 평민 **직업** 학생

죄명 출판법, 보안법 위반_ 1년

상해 국민대표회의에 상해파 대표로 참석하여 임시정부 강화에 노력하였으며, 1923년 6월 의열단 간부로 김지섭의 투탄 의거에 관여하였다. 또한 노령과 만주, 국내에서 사회주의 이념을 통한 민족독립운동을 지속적으로 전개하였다.

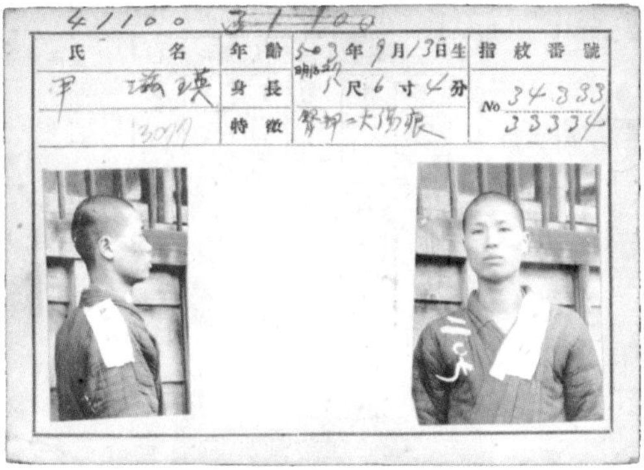

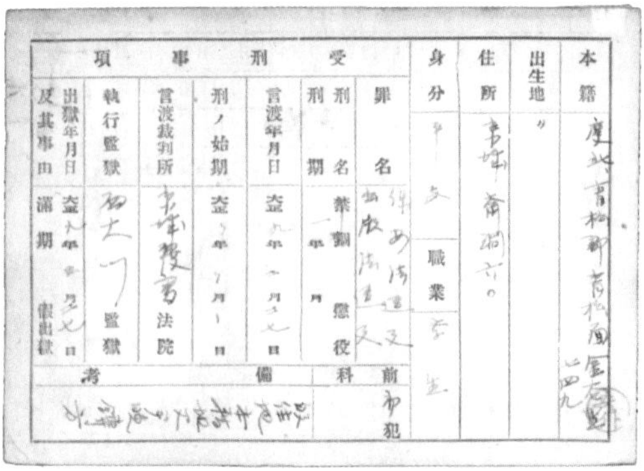

이익종 李翼鍾

1898년 4월
당시 나이 23세

본적 경기도 진위군 고덕면 율포리 **신분** 양반 **직업** 의전원 학생

죄명 출판법, 보안법 위반_ 10월

'대한독립만세', '조선독립만세'를 부르며 학생과 행인 등을 선동, 만세를 고창하며 파출소에 쇄도하여 독립을 고취하는 연설을 하였다.

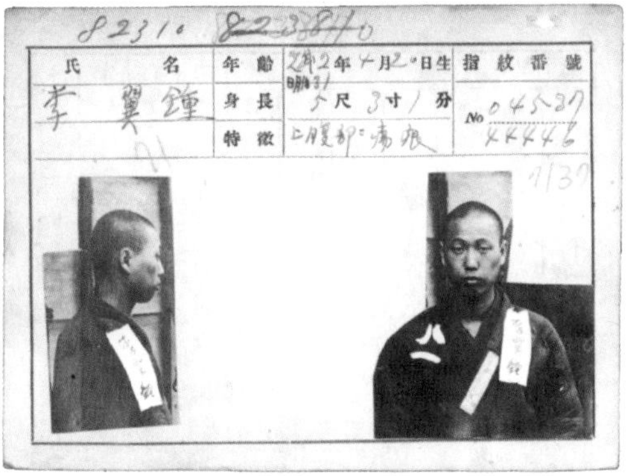

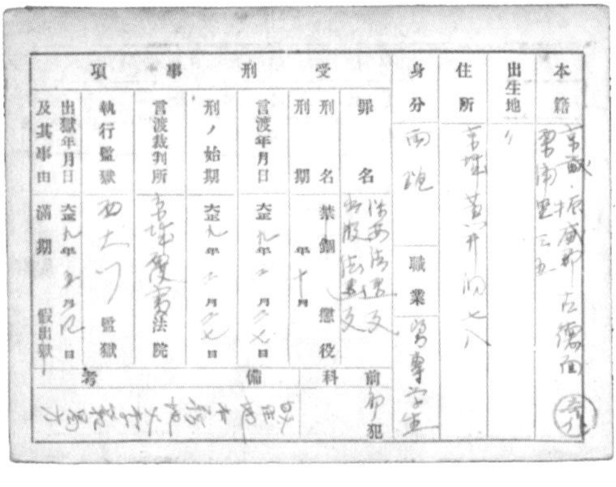

1865년 12월

이일영 李一榮

본적 경기도 평택군 서면 본정리 **신분** 양반유생 **직업** 농업인

죄명 보안법 위반_ 1년

독립의군참가자. 1913년 2월 이래 독립의군부 회계총감으로 '독립의군부 정헌' 제정에 참여하는 한편 동지를 규합하고 자금 400원을 모집하였다. 1919년 9-10월 서울 등지에서 조선민족대동단 단원으로 동지를 규합하고 자금 50원을 모집한 혐의로 체포되었다.

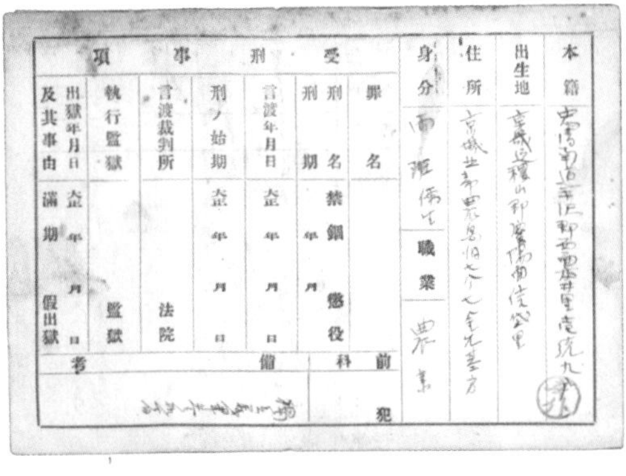

1905년 4월

이활 李活

본적 경상북도 안동군 도산면 원천동 **신분** 상민 **직업** 조선일보 공보국장

죄명 보안법 위반_ 1년

1931년 8월에는 조선일보 대구지국 기자로 전직하였으나 1932년 3월 퇴사하고 조선혁명군사정치간부학교에 1기로 입교하였다. 육사라는 필명으로 시 〈황혼(黃昏)〉을 「신조선(新朝鮮)」에 발표하여 시단에 데뷔했다. 그러나 의열단 관련자로 조선혁명군사정치간부학교 출신자라는 이유로 검거되어 서대문형무소에 투옥되어 혹독한 고문을 받았으며 7월에 기소유예로 풀려났다.

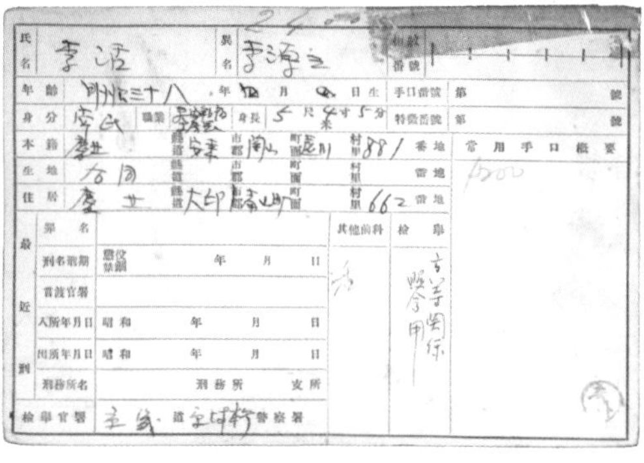

1905년 6월

전동범 全東範

본적 함경북도 부령군 상면 실평

죄명 치안유지법 위반

서로군정서 의용대원으로 1923년 1월 31일 평북 위원군 서태면 남파 부근에서 일본 경찰과 교전하던 중 전사 순국하였다.

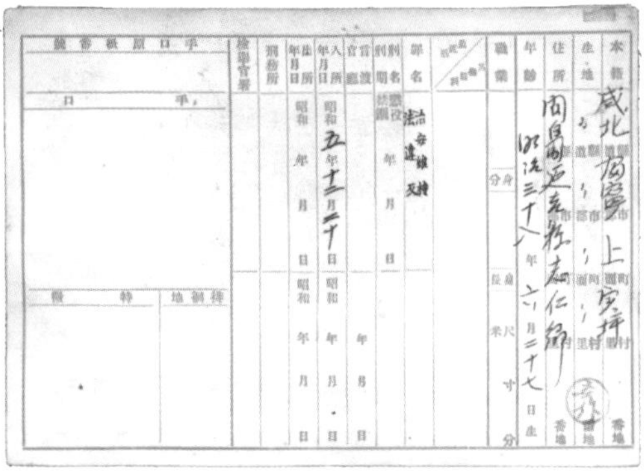

전선녀 全先女

1914년 5월

본적 강원도 김화군 근동면

죄명 보안법 위반_ 6월

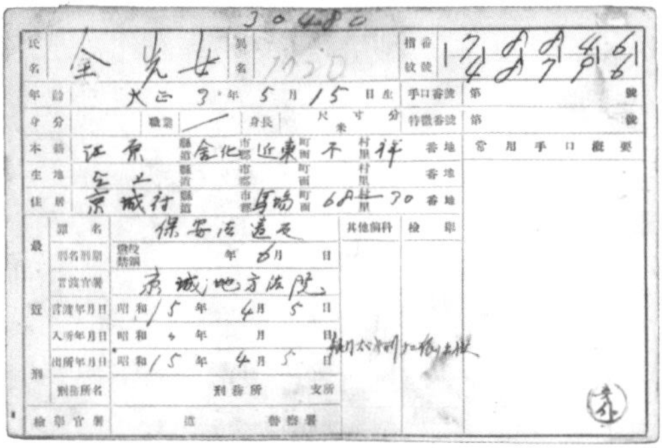
30480

氏名	金光女	別名		指紋番號	
年齡	大正 3年 5月 15日生			手口番號	第 號
身分		職業	身長 尺 寸 分	特徵番號	第 號
本籍	江原 道 金化 郡 近東 面 不 里 祥 番地			常用手口概要	
生地	仝上				
住所	京城府 馬場 町 68~70 番地				
最近刑 罪名	保安法違反		其他前科	檢擧	
刑名刑期	懲役 禁錮 年 6月 日				
言渡官署	京城地方法院				
言渡年月日	昭和 15年 4月 5日				
入所年月日	昭和 年 月 日				
出所年月日	昭和 15年 4月 5日				
刑務所名	刑務所 支所				
檢擧官署	道 警察署				

조수동 趙壽童

1901년 7월
당시 나이 19세

본적 경기도 부천군 용유면 남북리 **신분** 양반 **직업** 농업인

죄명 보안법 위반_ 1년 6월

'조선독립만세운동을 거사할 것이니, 28일 관청리 광장에 모이라'는 취지를 기재한 격문 80여 통 및 신서 1통을 작성하여 이를 봉투에 넣어서 4명이 분담하여 배부, 조선독립만세운동에 참가하도록 선동하고 4명이 조선독립만세를 외치다 피체되었다.

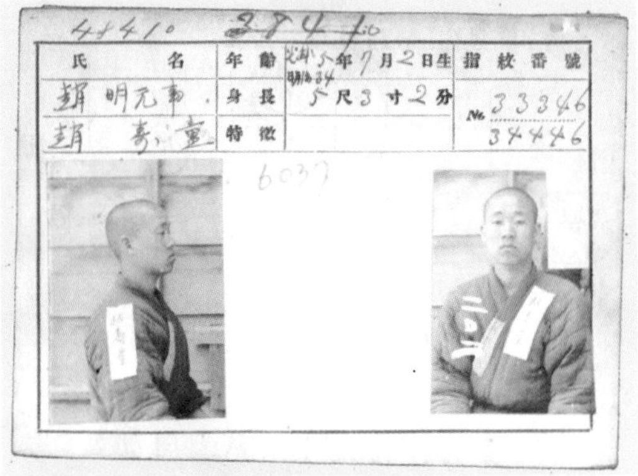

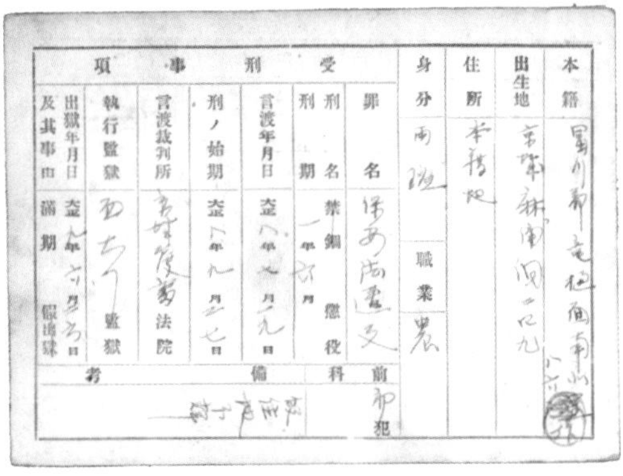

최수창 崔壽昌

1894년 6월
당시 나이 26세

본적 경상북도 경주군 경주면 황오리 **신분** 상민 **직업** 대금업자

죄명 보안법 위반_ 8월

경주읍에서 장날을 이용하여 박봉록(朴鳳祿), 서봉룡(徐鳳龍), 박무훈(朴茂勳), 최성렬(崔聖烈) 등과 함께 독립만세운동을 일으켜 독립만세를 고창하며 시위 행진을 하던 중 피체되었다.

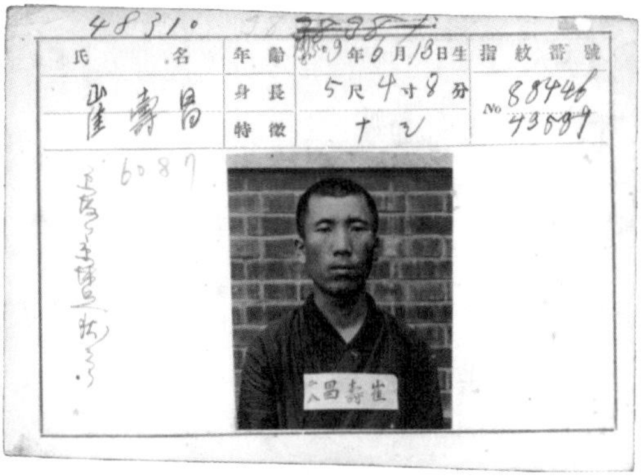

氏名	年齡	明治9年6月18日生	指紋番號
崔壽昌	身長	5尺4寸8分	No 88446 43889
	特徵	ナシ	

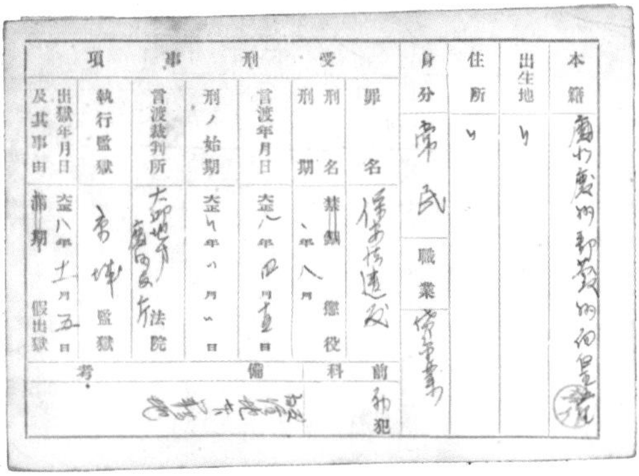

受刑事項							身分	住所	出生地	本籍
罪名	刑名	刑期	言渡年月日	刑ノ始期	言渡裁判所	執行監獄	出獄年月日及其事由			
保安法違反	懲役	八月	大正八年四月十五日	大正八年八月六日	大邱覆審法院	京城監獄	大正八年十二月五日 假出獄	常民	〃	〃	慶尙北道慶州郡
前科	初犯						職業			
備考										

한계순 韓桂荀

1916년 4월
당시 나이 24세

본적 함경북도 성진군 학서방면

죄명 치안유지법 위반_ 2년

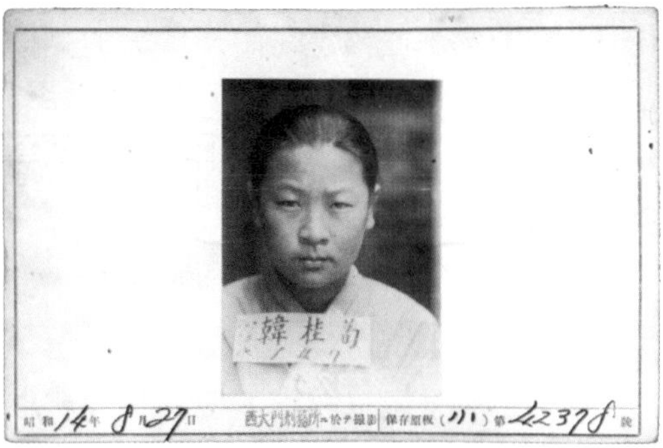
韓桂筍
昭和 14年 8 27日 西大門刑務所ニ於テ撮影 保存原板(小)第 42378 號

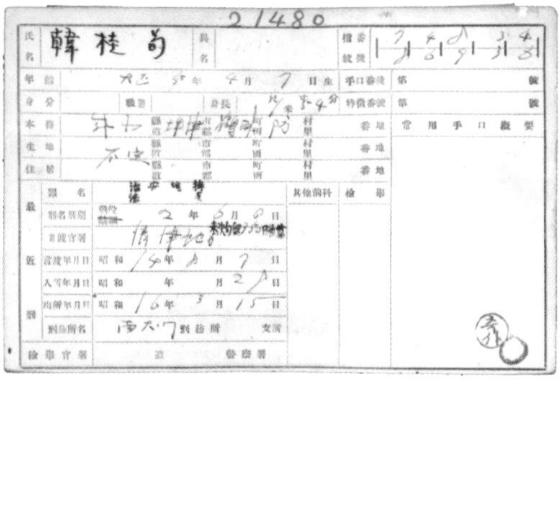
21480
氏名 韓桂筍
年齡
身分
本籍
生地 不定
住所
罪名
刑名刑期 2年 6月
言渡官署
言渡年月日 昭和 14年 月 7日
入所年月日 昭和 年 月 2日
出所年月日 昭和 16年 3月 15日
刑務所名 西大門刑務所
檢擧官署

한봉현 韓鳳鉉

1906년 8월

본적 강원도 고성군 서면 송탄리 **직업** 농업인

죄명 치안유지법 위반

昭和 9年 5月 31日 刑事課ニ於テ撮影 保存原板 第24465番

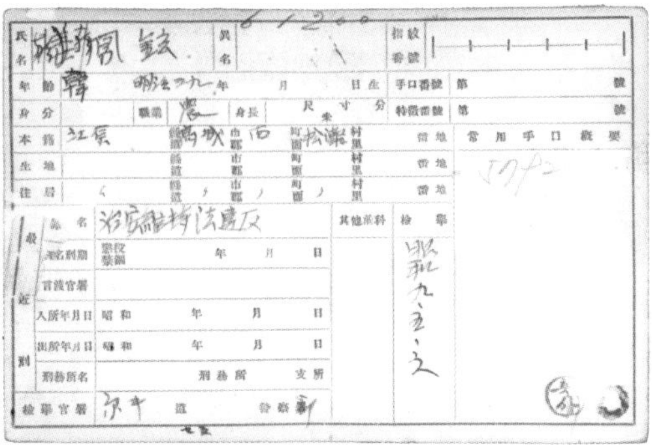

2

제 2 장

‘의병’, 나라를 지켰던 그들

의병은 삼국시대부터 비롯되어 조선 말기 항일 독립군의 모태가 되었다. 그들은 침략자로부터 정복당하거나 굴복하는 일이 없었고, 죽음을 결심하고 교전하는 것을 의병의 본분이라 여겼다. 어떤 타협도 거부하며 한국 농민의 분노와 한을 확고한 신념과 부동의 의지로 변화시켰다. 국권을 지키기 위해서 스스로 무장한 의병은 일본 군사력에 비교도 안 되는 열악한 환경에서 투쟁해 인명을 잃었지만 귀중한 정신적 유산을 얻었다.

"저물어 가는 조선에 그들이 있었다.
그들은 그저 아무개다. 그 아무개들 모두의 이름이, 의병(義兵)이다.
원컨대 조선이 훗날까지 살아남아 유구히 흐른다면
역사에 그 이름 한 줄이면 된다."

– 드라마 '미스터 션샤인' 중에서

일본을 이길 수 있다고 생각합니까?

우리가 일본을 이기기 힘들다는 것을 알고 있습니다.

나라가 있어야 부모가 있고, 부모가 있어야 내가 있는 겁니다. 우리는 어차피 싸우다 죽겠지요. 그러나 괜찮습니다. 일본의 노예가 되어 사느니 자유민으로 죽는 것이 훨씬 낫습니다.

(중략)

당신이 본 것을 세계에 전하여 우리의 현실을 꼭 알려 주시길 바랍니다.

Le Petit Parisien 1904. 12.18.

르 프티 파리지앵_프랑스 pp. 405-406, p. 408.

사형수를 대상으로 한 사격 연습

출처: 국립중앙박물관 역사자료총서 17, 『19세기 말-20세기 초 서양인이 본 한국』, 2017, pp. 222-224.

"세 농부는 군사법원에서 재판을 받게 되었고
결백을 호소하였지만 러시아를 위한 행동이었다는
의심을 받아 결국 '범죄' 현장에서의
처형이 결정되었다."

날이 갈수록 '해방자'와 '피해방자' 사이인 한일 관계에 긴장이 더욱 고조되고 있다는 소식이 서울로부터 전해오고 있다. 한국인들은 그간 일본인들의 소행에 격분하고, 일본인들도 한국인들의 저항에 결국 화가 났다. 일본은 한국 정부에 통보 없이 갑자기 한국 내 계엄령을 선포하였다.

본지 특파원은 즉석 사진 몇 장과 함께 참혹한 현장의 소식을 전하였다. 사진은 서울의 일본인 사진사들로부터 돈을 주고 쉽게 구한 것으로, 그들은 이 사진이 가져올 여파에는 전혀 신경 쓰지 않았다고 한다. 서울 인근에 농부 세 명이 살았는데, 주변 사람들 말에 따르면 그중 한 명은 과부의 아들로 스무 살도 채 되지 않았고, 모두 문맹인데다 아는 것은 없고 술만 마셔댔다고 한다. 생각 없이 행동하던 세 농부는 어느 날 저녁 느닷없이 서울에서 의주로 향하는 철도의 철로를 건넜다고 한다. 그런데 철로에서 선로 변경 장치를 발견하고는 신문물을 신기하게 여겨 장치를 조작하기 시작하였다.

그 때문에 장치가 상하였을까? 그럴 가능성도 있지만 그렇다고 별다른 악의를 가지고 하였던 행동은 아닌 것으로 보인다. 어쨌든 순찰 중이던 일본 헌병이 다가와 다짜고짜 불쌍한 사고뭉치들을 검거해 서울로 호송하였다. 세 농부는 군사법원에서 재판을 받게 되었고 결백을 호소하였지만 러시아를 위한 행동이었다는 의심을 받아 결국 '범죄' 현장에서의 처형이 결정되었다.

그 다음은 이렇게 진행되었다. 서

울의 공인 사진사들을 인력거로 처형장까지 데려와 흥미로운 장면을 찍을 수 있도록 하였다. 그리고 묘지 언덕 아래에 흰 나무 십자가를 세워 불쌍한 세 농부를 각각 매달았다. 보명 12명으로 구성된 총살 집행반이 (그들과) 60미터 떨어진 곳에서 자리를 잡았다고 현장에 있던 모든 사람이 증언하였다. 이런 경우 보통은 거리가 12-15미터가 일반적인데 60미터라니, 믿어지나요? 그런 다음 집행반 전체에게 그들을 쏘라고 명령한 것이 아니라, 그중 3명을 무작위로 골라 한 명씩 돌아가며 피해자를 조준하라고 하였다는 것이다. 이런 행동은 사형 집행이 아닌 사격 경기로밖에 볼 수 없다.

불쌍한 농부 중 한 명은 첫 발에 머리에 구멍이 나서 즉사하였다. 두 번째 농부는 총을 다섯 번 쏜 후에야 숨을 거두었고, 이미 총상을 입고 울부짖고 있던 세 번째 농부는 집행반이 50미터로 거리를 좁힌 후 총을 두 발 더 쏜 후에야 맞추는 데 성공하였다. 일이 모두 끝나자 의사와 집행반 사령관은 마치 좋은 패를 들고 있는 노름꾼인 것처럼 가까이 다가와서 사형수들이 모두 죽은 것을 확인하였다고 한다.

105인 사건

일본은 철교 준공식에 참석하는 데라우치 총독을 암살하려 했다는 사실을 입수했다고 조작하여 신민회 회원 600여 명을 구속했다. 비밀 결사 조직인 신민회를 뿌리 뽑기 위해 날조한 조작이었다. 조작 사건으로 체포된 민족운동가들에게 살인적인 고문을 가해 허위 자백을 받아 낸 일본은 '데라우치 총독 모살 미수 사건'으로 사건을 몰고 갔다. 검거된 600여 명 중 105인이 유죄판결을 받았고 긴 법정투쟁 끝에 징역이 확정된 6명을 제외하고 99명은 무죄로 풀려났다. 이 사건을 뒤에서 도운 외국인 선교사들이 재판에 적극 대응할 수 있도록 도움을 주었고, 세계 언론은 이 사건을 주목하게 되었다. 이것은 일본의 음모를 폭로하는 계기가 되었고, 신민회는 105인 사건으로 무관학교를 설립하고 해외 독립운동 기지를 건설하는 시작점이 되었다.

훈춘 주둔 일본군의 포고문

일본군 훈춘 파견대장의 명의로 한글과 중문 두 가지로 작성된 포고문으로 일본군이 6월 21-22일 비행기를 동원하여 이도구, 삼도구 부근에서 장기간 항일하던 독립군을 급습했다. 그 결과 사살한 독립군의 수는 243명이지만 일본군은 2명의 전사자만 있다고 과시하며, 앞으로 일본에 대항하는 자는 단호하게 대처하겠다고 공포했다.

佈告
佈告

남한대토벌작전(1909. 09. 01-10. 30.)

의병은 일본 한반도를 식민지화 하는 데 있어 가장 큰 걸림돌이었다. 이에 일제는 의병활동이 활발한 호남지역을 대상으로 2,260명의 대병력을 투입해 두 달 동안 '남한대토벌작전'을 벌였다. 일본은 의병이 민간인의 도움을 받지 못하도록 마을을 포위하고, 도움을 준 혐의가 있는 민간인은 사살했다. 이로 인해 의병들은 숨을 곳이 없어 달아났고, 수많은 의병장들이 체포되었다. 일본과 끝까지 항전하다 피살되거나 체포된 의병들은 강도살인죄로 처형되거나 도로를 개설하는 강제 노역을 당하기도 했다.

일본의 남한대토벌작전에 맞서 싸우다 체포된 의병장들.

사진의 앞줄 왼쪽

송병운(宋炳雲) '황두일' 참모장. 전남 해남 일대에서 활약 중 일군토벌대에 강전하다 자살로 순국 함.

오성술(吳成述) 호남의병장. 나주 등지에서 일본군과 격전하는 등 의병활동에 현저한 공적을 세우고 순국함.

이강산(李江山) 김태원(金泰元) 휘하의 의병장으로 접전. 일본 헌병의 밀정 4명을 살해하다 체포되어 대구공소원 판결로 사형이 집행되어 순국함.

모천년(牟千年) 전해산 의진 중군장, 의병장으로 활동하다 체포되어 징역 7년을 받음.

강무경(姜武景) 심남일과 함께 호남지방에서 의병을 일으켰고, 왜적과 수십 회 전투 끝에 장흥군에서 순국함.

이영준(李永俊) 전해산(全海山) 의진 해산시 일본군에게 피체되어 폭동죄로 징역 2년형을 언도받고 옥고를 치룸.

사진의 뒷줄 왼쪽

황두일(黃斗一) 독립부대를 편성해 해남 일대에서 활동. 마지막 의병장으로 기록됨.

김원국(金元國) 조경환 의진에서 선봉장. 1909년 6월 일본군에게 붙잡혀 대구 감옥으로 이송된 뒤 총살, 순국함.

양진여(梁振汝) 호남 의병장. 일본군과 혈전을 전개하여 용명을 떨쳤으나 적의 형장에서 순국함.

심남일(沈南一) 의병장. 700여 명을 통솔하고 남평, 영암, 보성에서 일본군과 교전함.

조규문(曹圭汶)

안규홍(安圭洪) 보성 의병장. 봉덕면 법화촌에서 일본군에게 붙잡혀 대구 감옥에서 교형을 받고 순국함.

김병철(金丙喆)

강사문 (姜士文) 전남 등지에서 활동한 의병장. 창평군 연천에서 일본군과 교전 중 대퇴부에 총상을 입고 해진한 후 재거의를 모색하던 중 피체되어 동년 12월 사형을 언도받고 순국함.

박사화(朴士化) 심남일 의진 중군장. 의병 대탄압으로 군세가 약화되자 부하들의 구명을 위해 자수한 후 탈출하여 의병 활동을 계속하다가 다시 피체되어 교형으로 순국함.

나성화(羅聖化) 심남일 의진 후군장. 총기 40여 성으로 무장된 부하 40여 의병을 지휘하여 일본인을 총살하는 등 활동하다 순국함.

13도 창의군

1907년 한일신협약(韓日新協約)의 체결로 한국은 사실상 일본의 식민지가 되었고, 일본은 강제 병합을 위해 군대까지 해산시켰다. 군대가 강제 해산되자 분산되어 있던 의병부대의 연합을 추진한 관동 의병대장 이인영을 중심으로 전라, 충천, 경기, 강원, 평안, 함경도 등 13도 의병 연합군이 조직되었다. 힘을 합쳐 서울을 탈환하자는 뜻을 모은 의병들은 1만명에 달했으나 일본군에게 사전에 발각되어 타격을 받은 의병부대는 서울 탈환의 목표는 달성할 수 없었다.

총대대장

이인영(李麟榮, 1868-1909)

1895년 명성황후가 시해 당하자 여주에서 거의, 1907년 7월 이은찬(李殷瓚) 등의 추대로 관동창의대장이 원주, 철원 등 강원 지역에서 38차례에 걸쳐 항전하였다. 서울 탈환을 위하여 '13도 창의대진소'로 편성하고 총대장에 추대되었으나 일경에 피체되어 순국하신 선생은, '동포들이여, 우리는 함께 뭉쳐 조국의 독립을 되찾아야 한다. 우리는 일본 제국주의의 잘못과 광란을 전세계에 호소해야 한다'고 외쳤다.

군사장

허위(許蔿)

관동창의대장

민긍호(閔肯鎬)

호서창의대장

이강년(李康秊)

교남창의대장

박정빈(朴正斌)

진동창의대장

권중희(權重熙)

관서창의대장

방인관(方仁寬)

관북창의대장

정봉준(鄭鳳俊)

호남창의대장

문태수(文泰洙)

정환직 의병부대, 이강년 의병부대, 권준, 왕회종, 김진묵 의병부대, 노병대, 김운로, 송창헌, 임용덕, 이인영, 이영재, 이은찬, 방관일, 정대일, 연기우, 박내승 의병부대, 김석하 의병부대, 현덕호, 박정빈, 민종식, 최익현, 양한규, 김동식, 기삼연, 김용구, 이석용, 김태원, 김준, 문태수, 이은찬, 이구재 등이 활약하였다.

최익현(崔益鉉)

1876년 강화도조약(江華島條約) 때 여러 번 상소하여 극력 반대하였고, 1905년 러일전쟁 당시 배일운동을 일으키고 여러 번 상소하다가 왜인에게 체포되었다. 1905년 을사늑약(乙巳條約)이 체결되자 임병찬과 함께 의병을 일으켜 일본군에게 반항하다가 적에게 패했다. 1907년 일본의 십구조목의 죄를 나열해서 위왕과 이등박문에게 보내는 등 열렬히 활약하다가 피체된 후 대마도에 감금되어서도 일본 음식을 먹지 않고 한국 음식만 먹다가 공급이 제대로 되지 못하여 옥중에서 아사하였다.

고치범(高致範)

1906년 6월 최익현이 전북 태인에서 거의할 때 참여하였다. 1913년 9월 임병찬 의병장이 독립의군부를 조직하고 의병정신을 발휘하여 반일 사상을 고취할 때 동의군부 총무국 종사관으로 임명되어 활동하다가 일본 경찰에게 피체되어 고문으로 얻은 병이 순국하였다.

고제천(高濟川)

1914년 2월 전라북도 순무총장 겸 사령관인 임병찬이 전라남북도 내 각 군면 독립의군부를 조직할 때 군무국 종사관의 칙령을 받고 종숙부인 고석진의 지도하에 호남지방의 군략 책임을 맡아 재거의를 이룩한 사실이 확인되었다.

김양수(金陽洙)

1905년 을사늑약이 체결되자 고석진, 고예진, 고성열(高聖烈), 고시덕, 강종회(姜鍾會) 등과 함께 최익현 의진을 결성하기 위한 모의에 참여하였으며, 격문을 작성하여 8도에 배포하고 1919년 3·1운동 후 유림 대표들이 주도한 파리장서에 서명한 사실이 확인되었다.

고석진(高石鎭)

1906년 최익현 선생 태인 의거 시 참모로서 활약한 것을 비롯하여 임병찬 의거 시 참모장을 역임하는 등 현저한 공적으로 4개월의 구류형을 받았다.

백홍인(白弘寅)

1905년부터 최익현 의병대장, 송연제(宋淵齊), 송심석(宋心石)과 같이 기병하여 경고서문 팔도사민서 포고문을 작성, 배포하고 왜군과 순창지방에서 교전을 전개하는 등의 활동을 하였다.

채응언(蔡應彦, 1879–1915)

백년산 호랑이라 불리운 채응언은 군대가 강제 해산을 당하자 평안북도 의병장으로 신출귀몰한 재주로 일본군 파견대를 공격했다. 현상금이 탐난 동포의 밀고로 1915년 일본군에게 체포되어 사형이 선고되었고, 다음 해 11월 4일 교수형으로 순국하였다.

"내 나라를 위해 싸운 내가 왜 강도란 말인가.
강도는 너희들이 아닌가."

임병찬(林炳瓚)

1906년 전남 무성서원에서 창의의 기치를 들었으며, 경술국치 후 광무황제의 밀칙을 받고 전국적 규모의 '대한독립의군부'를 결성하여 의병전쟁을 일으켰다. 그러나 일본에 체포되어 거문도에 유배되었으며 고초를 겪던 중 순국하였다.

"오늘이 있을 것을 이미 각오하였다.
죽는 것은 거의(擧義)하던 날부터 이미 정해져 있었다."

전수용(全垂鏞)

대동창의단의 활동이 활발해질 무렵인 1908년 겨울에 선생은 심남일, 김영엽(金永燁), 오성술 등의 의병장과 함께 수차에 걸쳐 호남의병 연합체 결성을 상의한 끝에 호남동의단을 조직하였다. 여기에서 선생은 여러 의병장들의 추대를 받아 동단의 의병대장에 선입되었다. 이 호남동의단의 의병장들이 활동했던 지역은 전라남북도 전역을 망라하고 있었으며 선생은 호남의병의 정신적 지주가 되어 활동하였다. 1910년 6월 3일 광주지방법원에서 사형을 언도 받은 후 대구 감옥소에 이감되어 대구공소원과 고등법원에 상고하였으나 기각되었다. 선생은 박영근(朴英根), 심남일, 오성술, 강무경(姜武景) 등과 함께 7월 18일(음) 교수형으로 순국하였다.

이능권(李能權)

강화도에서 활약한 대동창 의진의 의병장. 한국 군대의 육군대장으로서 1905년 네덜란드 헤이그에서 개최하는 만국평화회의에 참석하러 가는 이준 일행을 호위하여 일본군 수비대의 감시망을 뚫고 국외로 회송하였다. 그 뒤 강화도를 중심으로 의병 활동을 하던 중 일본군에게 붙잡혀 1909년 9월 27일 경성공소원(京城控訴院)에서 강도 및 모살죄로 교수형을 언도받은 뒤 그해 11월 순국하였다.

장석천(張錫天)

일본 강점기 당시 전남청년연맹 상무집행위원장으로 1929년 광주학생운동이 일어나자 학생투쟁지도본부를 결성하였다. 광주학생운동의 불길을 우리 독립운동의 일대 전환기로 만들고자 신간회와 협력하여 운동을 경성을 비롯한 전국으로 운동을 확산시켰다.

최산흥(崔山興)

1906년 10월 이경춘(李慶春) 의병장 휘하 도십장 전포장이 되어 총 80정으로 무장하여 태인, 부안 등지에서 활동하고 1907년에는 부하 120-600여 명을 거느리고 이석용(李石用) 의병진 휘하 검찰이 되어 임실, 남원, 진안, 용담 등지에서 활동하였다. 1908년 6월 양윤숙(楊允淑) 의병장 휘하에서 전포장 중군장이 되어 일군과 접전하여 사살하고 군자금 모집 활동을 하다가 피체되어 교수형을 받고 순국한 사실이 확인되었다.

배화여학교 재학 중 학교 뒷산에서 3·1운동 1주년을 기념하는 만세운동에 참여해 다음과 같이 결의하고 조선독립을 외치다 체포되어 실형을 받았다.

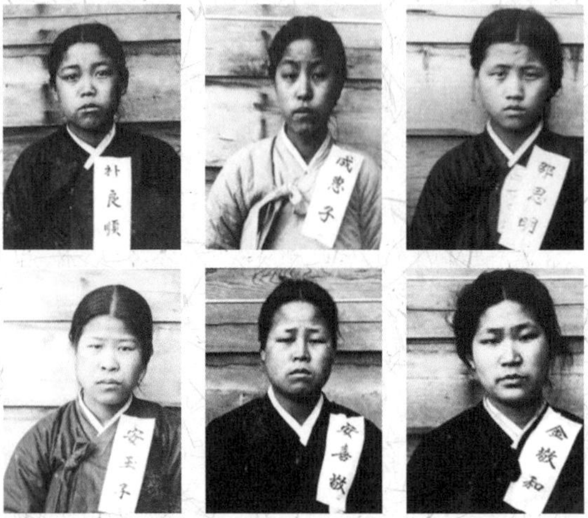

배화여학교 독립운동가.
왼쪽 앞줄부터 안옥자(安玉子), 안희경(安喜敬), 김경화(金敬和),
박양순(朴良順), 성혜자(成惠子), 소은명(邵恩明)

결의사항

하나. 십오일 오전 아홉시 반 정각에 각 학교에서 학생 전부가 만세를 부르며 종로 네거리로 나와 남대문 방면으로 진행할 것.

둘. 경찰에 인치될지라도 이 자리에 모이었던 사람들의 이름을 말하지 않을 것.

셋. 경찰서에 류치가 되는 때에는 단연히 단식을 단행할 것.

3월 1일 오후 7시경 대묘 앞에서 백포에 붉은 글씨로 '대한독립만세'를 쓴 기와 태극기를 들고 만세를 부른 세브란스 병원 간호부 4명을 포함해 여성 간호인들의 활동이 이 시기에 가장 활발하게 이루어졌다.

노순경

이신도

김효순

세브란스 병원 간호부 4명 여성 독립운동가
노순경(당시 나이 18세), 이신도(당시 나이 19세),
김효순(당시 나이 18세), 박덕혜(당시 나이 20세)

강경화 姜敬化

1896년 3월
당시 나이 25세

본적 충청북도 청주군 남주내면 신장대리　**신분** 평민　**직업** 농업인

죄명 보안법 위반_ 6월

단성사 앞에서 불교 강연회를 이용, 조선독립만세운동을 꾀하여 4시경 무대로 뛰어올라 군중을 향하여 대한독립만세를 소리 높여 연호하며 군중을 선동하였다.

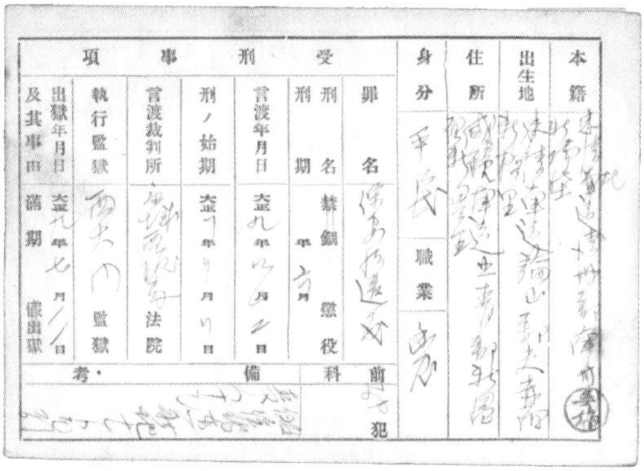

강덕선 姜德善

1912년 10월

본적 강원도 강릉군 정동면 유천리 **신분** 양반 **직업** 중앙일보 기자

죄명 치안법 위반_ 1년 6월

강릉농업학교 독서회 결성에 참여했다. 농업학교를 중퇴한 후 서울에서 조선중앙일보 기자를 지냈으며, 정치교육뉴스 발행에 참여하다 1933년 10월 일본 경찰에 체포되었다.

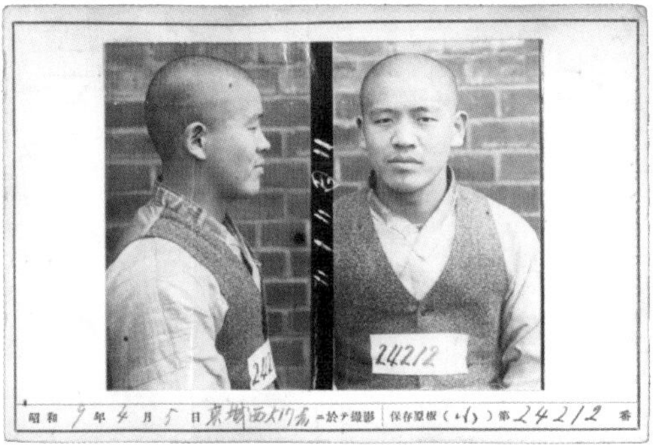

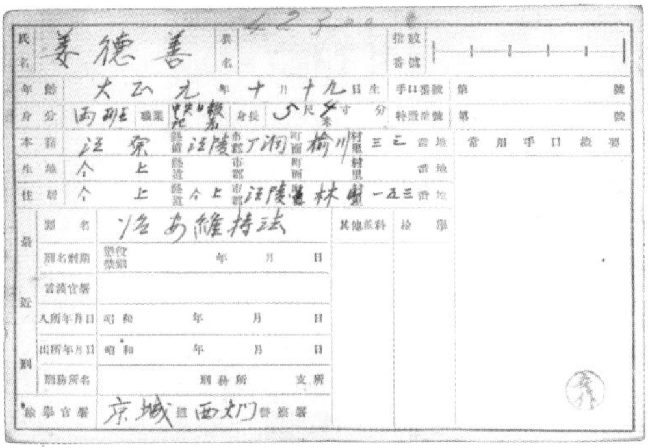

강상국 姜尙國

1913년 9월
당시 나이 22세

본적 함경남도 단천군 남두일면 신흥리 **직업** 농업

죄명 치안유지법 위반

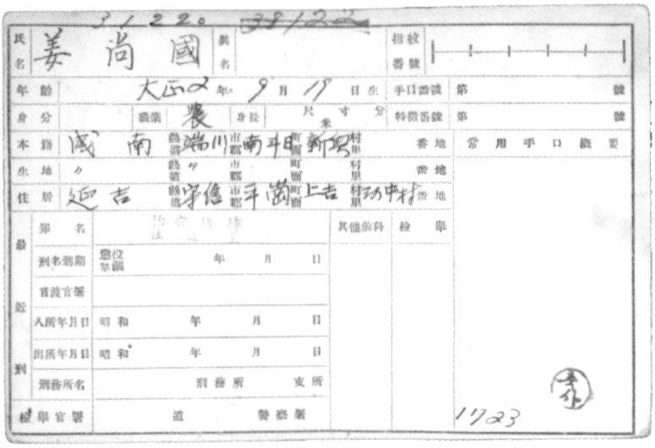

31220. ~~38122~~

氏名 姜尚國 / 異名 / 指紋番號

年齡 大正2 年 9 月 17 日生 / 手口番號 第 號

身分 / 職業 農 / 身長 尺 寸 分 / 特徵番號 第 號

本籍 咸南 道 端川 郡 南斗日 面 新洞 里 番地 / 常用手口摘要

生地 〃 道 〃 郡 面 里 番地

住居 延吉 縣 守信 郡 平崗 面 上吉 里 坊中村 番地

最近判 罪名 / 其他前科 / 檢擧

刑名刑期 懲役 禁錮 年 月 日

言渡官署

入所年月日 昭和 年 月 日

出所年月日 昭和 年 月 日

刑務所名 刑務所 支所

檢擧官署 道 警察署

1723

강석준 姜錫俊

1905년 1월

본적 함경북도 경성군 용성면 어유동 **신분** 상민 **직업** 무직

죄명 출판법, 치안유지법 위반_ 8년

전동만 폭동위원회 결성식에 참석하여 책임자 겸 조직부장 자리를 맡아 활동하던 중 '제3차 간도공산당 검거 사건'으로 일본 영사관 소속 경찰에 체포되었다.

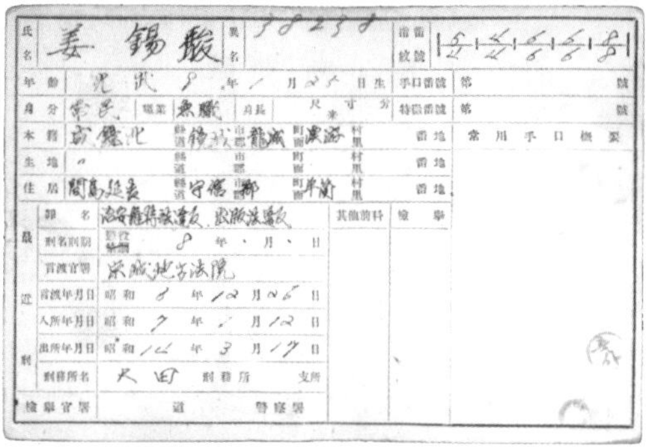

강원 姜元

1902년 12월
당시 나이 32세

본적 함경남도 홍원군 평포면 내초리 **직업** 농업인

치안유지법 위반으로 언도받았으나 1933년 사망으로 공고 기각되었다.

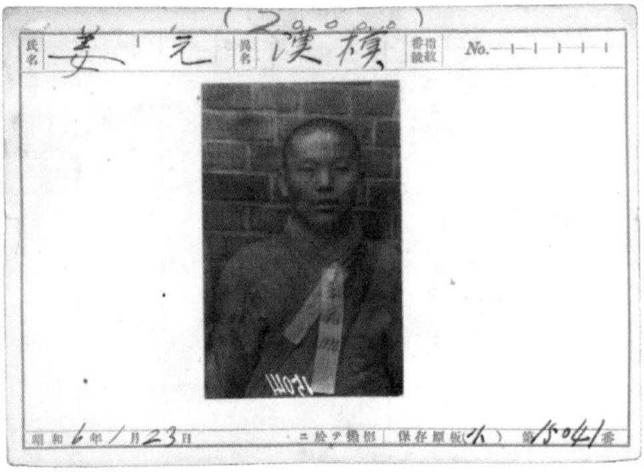

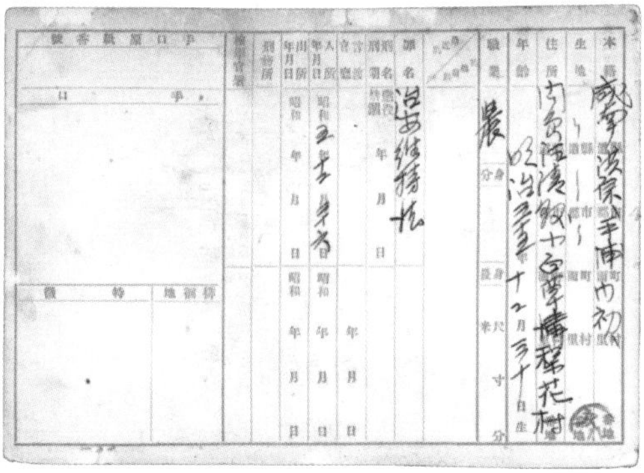

고성봉 高成鳳

1897년 12월
당시 나이 23세

본적 충청남도 당진군 면천면 자개리 **신분** 평민 **직업** 학생

죄명 출판법, 보안법 위반_ 8월

조선독립을 목적으로 서울 광화문과 종로에서 조선독립을 고창하는 수백 명의 시위 군중에 참가하여 함께 독립만세를 부르며 시위 행진하였다. 동월 8일에는 〈조선독립선언서〉 10매 및 〈시민대회〉라 하는 인쇄 문서 10매를 받아 이튿날 종로의 조선인 10명에게 배부하여 많은 군중을 격발시켰다. 또한 동월 23일 종로에서 동대문 방면으로 향하는 시위 군중에 참가하여 수건을 흔들며 그 군중을 지휘하여 주도하다 피체되었다.

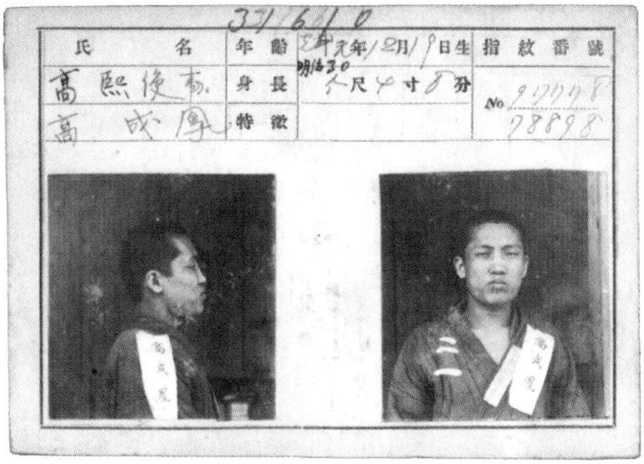
氏名 | 年齡 | 日生 | 指紋番號 | 身長 | 尺 | 寸 | 分 | No. | 特徵

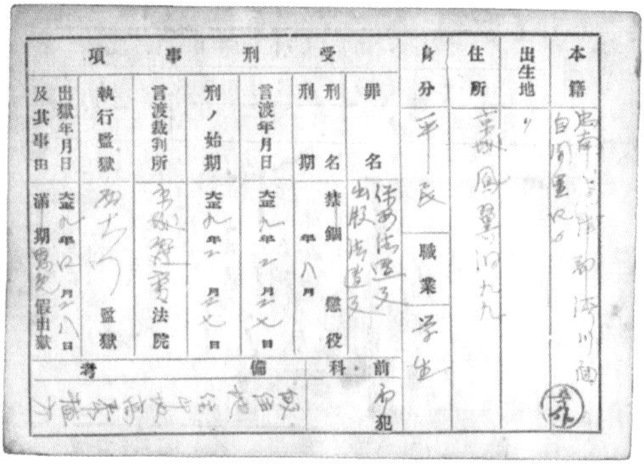
受刑事項 | 罪名 | 刑名 | 刑期 | 言渡年月日 | 刑ノ始期 | 言渡裁判所 | 執行監獄 | 出獄年月日及其事由 | 年 | 月 | 日 | 懲役 | 法院 | 監獄 | 滿期 | 假出獄 | 身分 | 職業 | 住所 | 出生地 | 本籍 | 前科 | 備考 | 犯

고수복 高壽福

1910년 6월

본적 함경남도 정평군 선덕면 **신분** 상민 **직업** 무직

죄명 치안유지법 위반

좌익노동조합 준비위원회를 조직하고 선전부 책임을 맡아 활동했다. 동년 8월 중순 경에는 공원회 등이 조선공산당 재건을 위해 조직한 적위대에 소속되어 활동하다가 체포되어 예심을 받던 중 병보석 후 순국한 사실이 확인되었다.

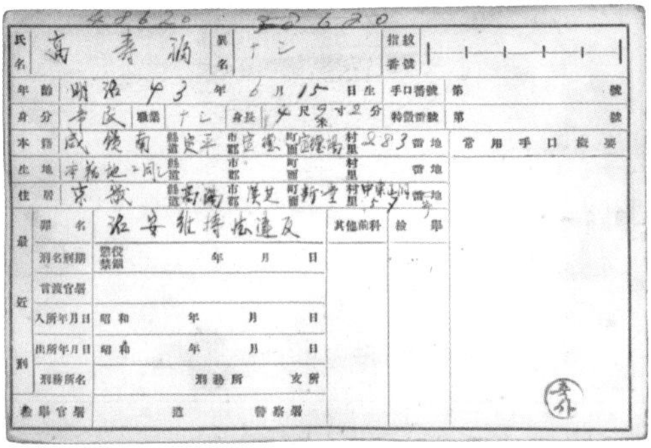

권희 權憘

1900년 6월
당시 나이 20세

본적 경기도 시흥군 군자면 장현리 **신분** 양반 **직업** 서당생

죄명 보안법 위반_ 1년

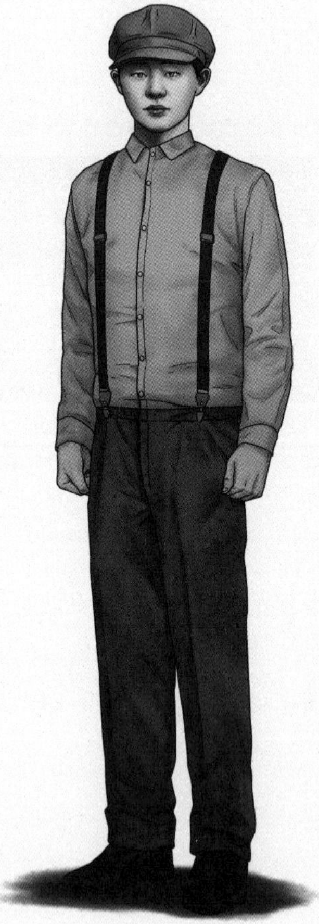

자가에서 일본 침략에 항거하기 위하여 군자면 구장터에서 독립만세운동을 한다는 사발통문을 작성하여 인근 동민에게 회람시키다 체포되었다.

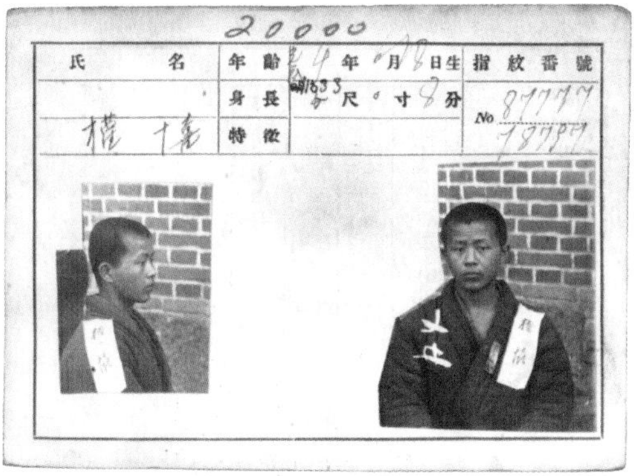

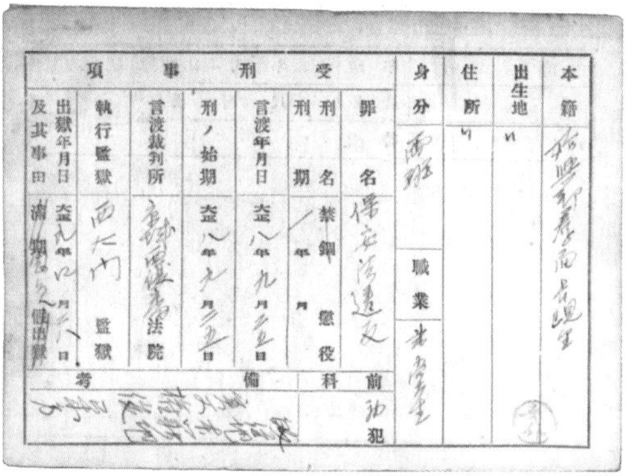

김경화 金敬和

1901년 7월
당시 나이 20세

본적 강원도 양양군 강현면 광석리 **신분** 양반 **직업** 학생

죄명 보안법 위반_ 1년

서울 배화여학교 재학 중 학교 뒷산에서 3·1운동 1주년 만세운동에 참여하여 만세를 부르다 체포되었다.

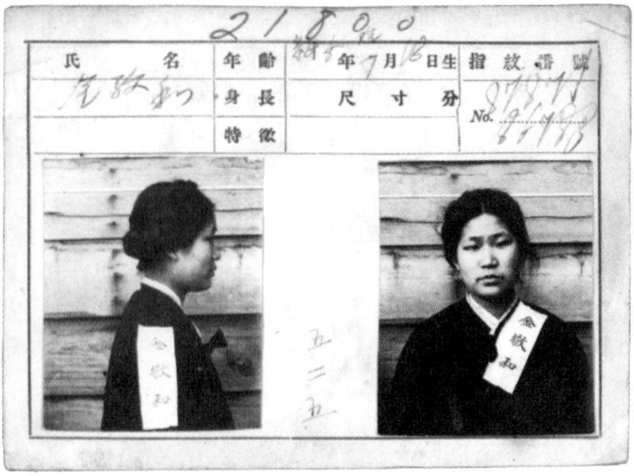

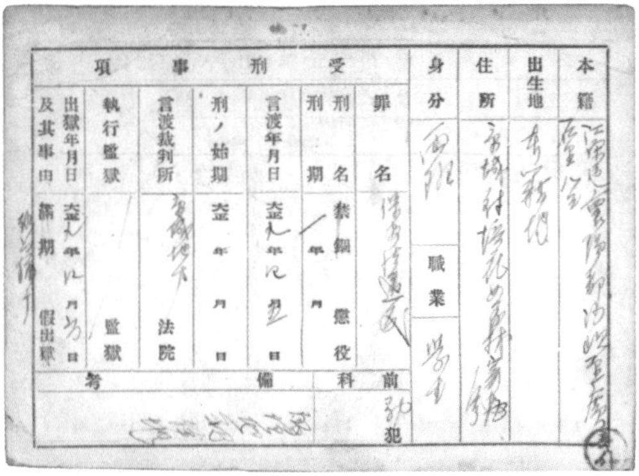

김만석 金淳好

1912년 11월

본적 경기도 인천부 송현리

죄명 출판법, 치안유지법 위반_ 1년 6월

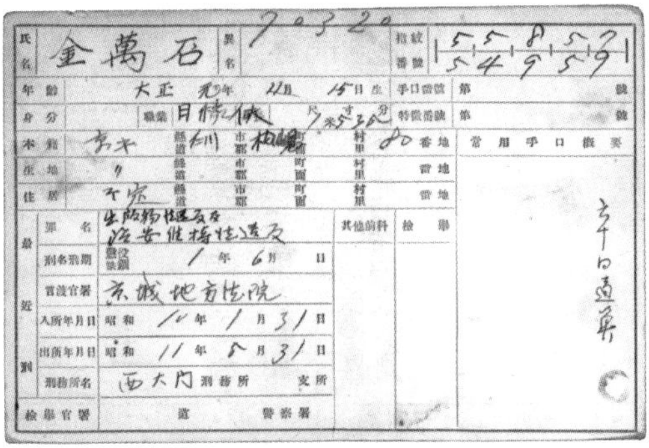

70320

氏名	金萬石	異名		指紋番號	5 5 8 5 7 / 5 4 9 5 9
年齡	大正 元年 12月 15日 生			手口番號	第 號
身分	職業 日傭		尺 寸 分	特徵番號	第 號
本籍	京畿 道	市郡	町面	村里	80 番地
生地	〃 道	市郡	町面	村里	番地
住居	不定 道	市郡	町面	村里	番地

常用手口概要

		其他前科	檢擧
最近刑 罪名	出版物法違反 治安維持法違反		
刑名刑期	懲役 禁錮 1 年 6 月 日		
言渡官署	京城地方法院		
入所年月日	昭和 10 年 1 月 31 日		
出所年月日	昭和 11 年 5 月 31 日		
刑務所名	西大門 刑務所 支所		
檢擧官署	道 警察署		

김순호 金淳好

1902년 7월
당시 나이 19세

본적 황해도 재령군 재령면 향교리 **신분** 평민 **직업** 간호부

죄명 보안법 위반_ 6월

1919년 12월 2일 오후 7시경 서울 훈정동 대묘 앞에서 '조선독립만세'라고 쓴 헝겊을 흔들며 20여 명의 군중과 함께 독립만세를 고창하는 등 활동하다 체포되었다.

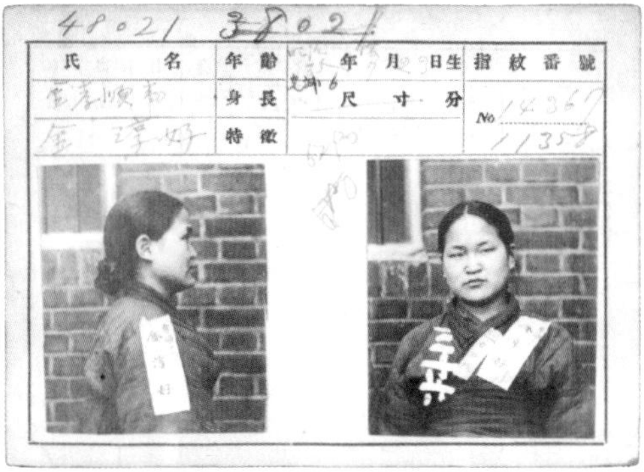

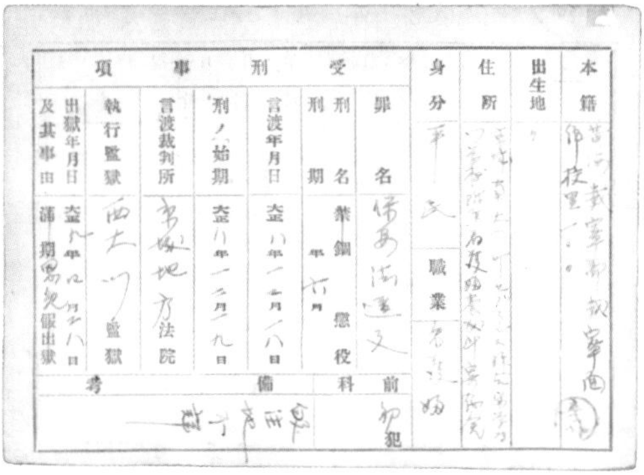

노순경 盧順敬

1902년 11월
당시 나이 18세

본적 황해도 송화군 풍천면 성하리 **신분** 평민 **직업** 간호부 견습

죄명 보안법 위반_ 6월

구한국기, 조선독립만세라고 쓴 헝겊 조각을 흔들며 20여 명의 무리와 만세를 불러 치안을 방해했다는 이유로 체포되었다.

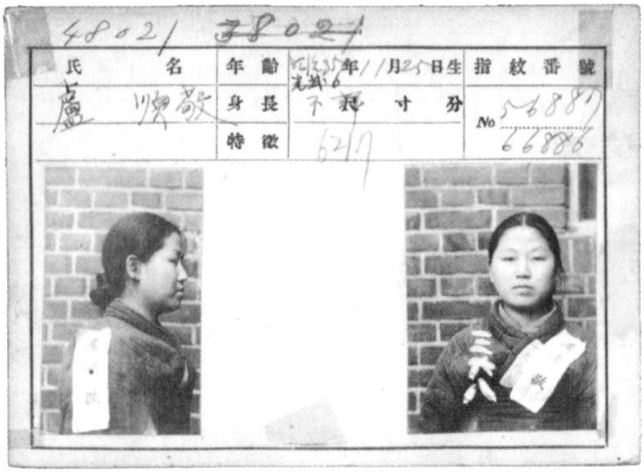

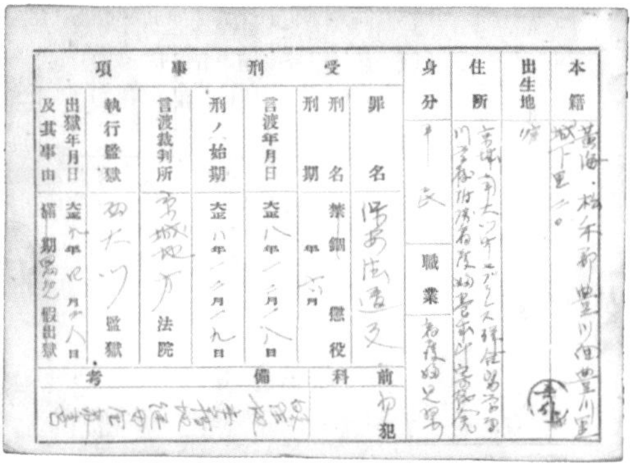

박노영 朴老英

1900년 8월
당시 나이 20세

본적 함경북도 부령군 하무산 **신분** 평민 **직업** 학생

죄명 보안법, 출판법 위반_ 2년

경성제일고등보통학교 3학년으로 학생들을 규합하여 시내에서 시위가 전개되었을 때 참가케 하였다. 한편, 독립선언서 200여 매를 배부하고 3월 6일의 제2차 학생운동 때에는 선전문을 동사기를 이용하여 800여 매를 인쇄하였으며 격문을 인쇄, 배부하는 등 활동하다가 피체되었다.

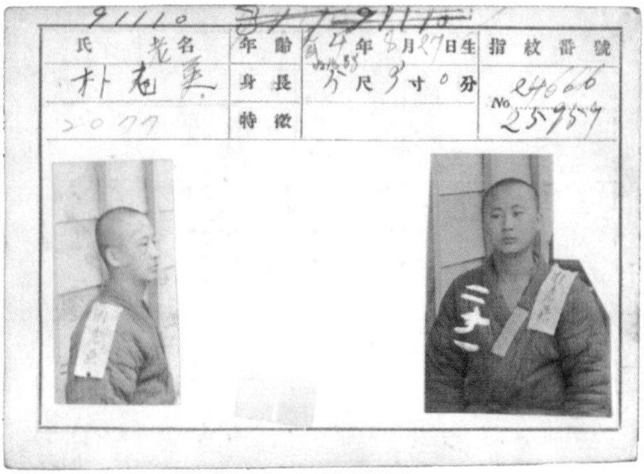

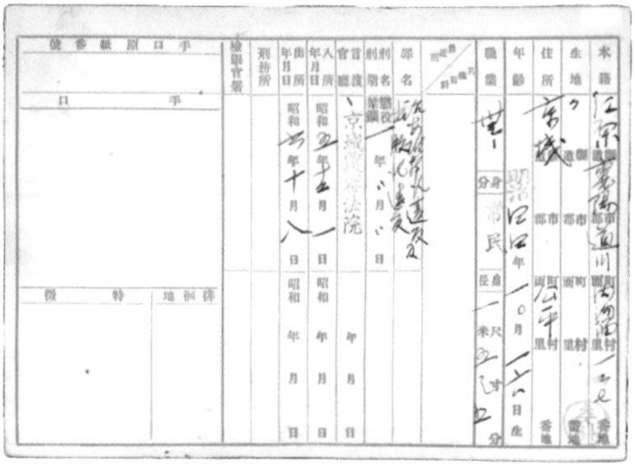

박성녀 朴姓女

1911년 1월
당시 나이 20세

본적 강원도 양양군 도천면 내물치리 **신분** 상민 **직업** 무직

죄명 출판법, 치안유지법 위반_ 1년 1월

〈5월1일 메이데이를 기하여 만천하 무산대중에 알림〉의 제목으로 노동절의 공산당 절대 사수, 치안유지법을 철폐하라, 노동자 농민정부를 수립하자 등의 취지를 각 기재한 포스터와 격문을 작성, 인쇄하여 경성부 내에 살포하였다.

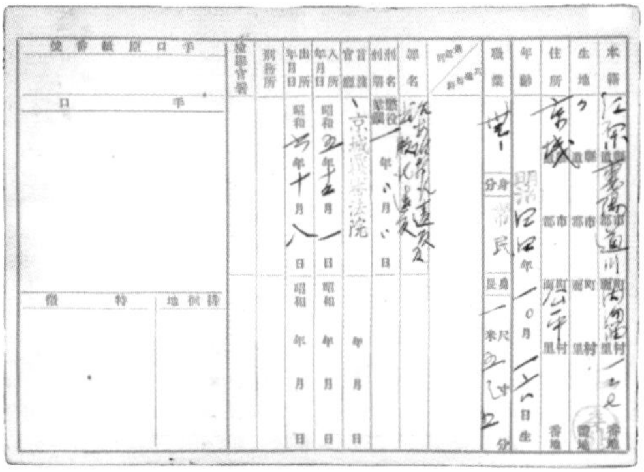

1904년 3월

엄택용 嚴澤龍

본적 함경북도 명천군 상운남면 내포동 **신분** 상민 **직업** 농업인

죄명 치안유지법 위반

폭발물 취체, 치안유지, 방화, 주거침입, 소요, 살인미수, 전신법, 폭발물 취체 등의 법률 위반으로 12년형을 판결받았다.

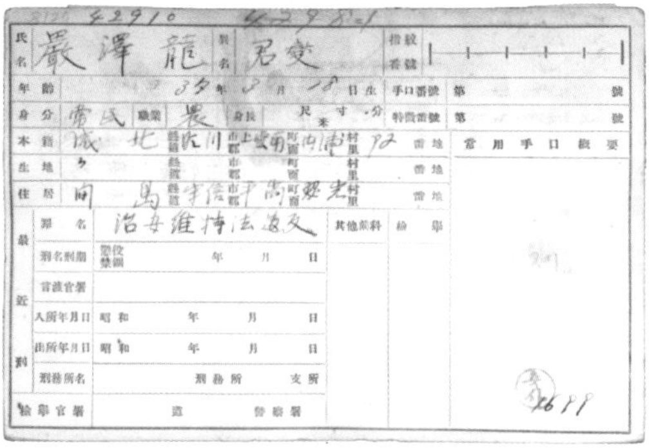
氏名 嚴澤龍 別名 君受 指紋番號
年齡 生
身分 常民 職業 農 身長 尺 寸 分
手口番號 第 號
特徵番號 第 號
本籍 咸北 道 郡 面 洞 番地
生地 道 郡 面 村里 番地
住居 道 郡 面 村里 番地
常用手口概要
最近刑 罪名 治安維持法違反
刑名刑期 懲役 禁錮 年 月 日
言渡官署
入所年月日 昭和 年 月 日
出所年月日 昭和 年 月 日
刑務所名 刑務所 支所
其他前科 檢擧
檢擧官署 道 警察署

유정진 兪丁鎭

1904년 12월

본적 경기도 경성부 서계동　**신분** 상민　**직업** 신문배달

죄명 치안유지법 위반

중앙청년 동맹위원으로 활동하였으며, 동년 5월 조선혁명자동맹을 결성하여 조직부를 담당하였고, 1932년 12월 서울에서 결성하여 조직부 부원으로 활동하다 체포되었다.

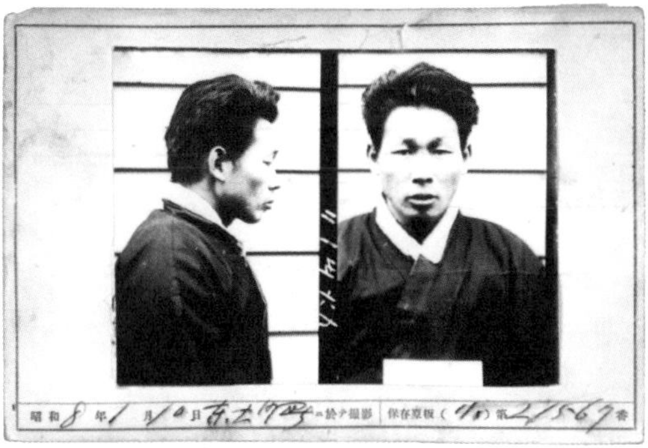

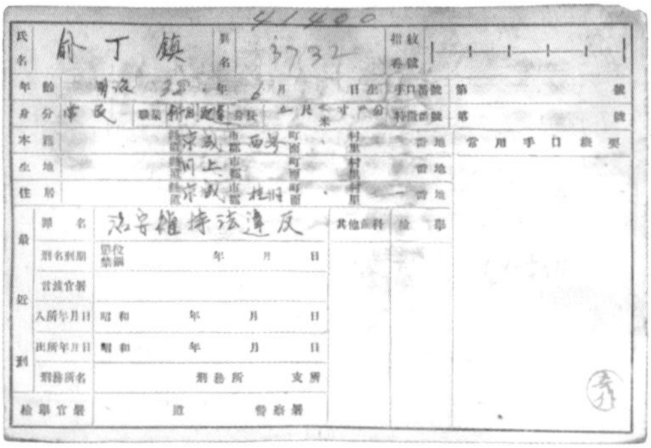
氏名 兪丁鎭

番号 3732

年齡 明治 38 年 6 月 日生

身分 常民

罪名 治安維持法違反

刑名刑期 懲役 禁錮 年 月 日

入所年月日 昭和 年 月 日

出所年月日 昭和 年 月 日

刑務所名 刑務所 支所

檢擧官署 道 警察署

常用手口摘要

이갑문 李甲文

1913년 8월
당시 나이 20세

본적 전라남도 제주도 대정면 하모리 **신분** 상민 **직업** 학생

죄명 출판법 위반_ 6월

동덕여학교 4학년 재학 중 동맹 휴학을 단행하고 가두 시위에 나오라는 내용의 격문을 받고 학교 각 교실에 배포하다 체포되어 징역 6월을 받았다. 1934년 6월 조선공산당 재건 사건으로 도피 중인 이관술 등의 연락책으로 활동하다 검거되었다.

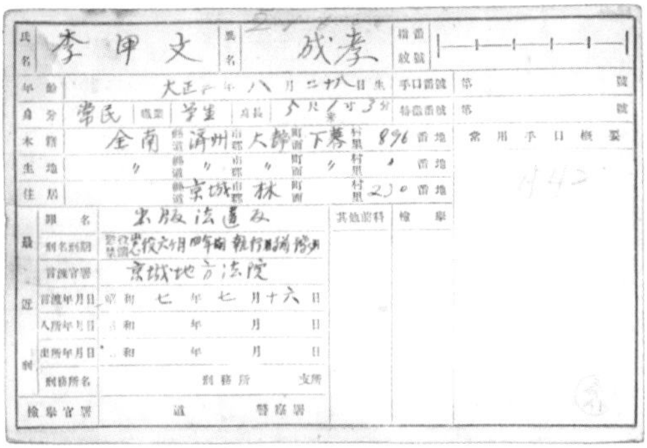

氏名	李甲文
異名	成孝
年齢	大正 年 八月 二十八日生
身分	常民
職業	学生
本籍	全南 道 済州 郡 大静 面 下慕 里 896 番地
住居	京城 林
罪名	出版法違反
言渡官署	京城地方法院
言渡年月日	昭和 七 年 七 月 十六 日
入所年月日	昭和 年 月 日
出所年月日	昭和 年 月 日
刑務所名	刑務所 支所
検挙官署	道 警察署

이병주 李秉周

1890년 12월
당시 나이 30세

본적 충청남도 논산군 육정 **신분** 평민 **직업** 야소전도사

죄명 출판법, 보안법 위반_ 1년 2월

3·1운동 때 학생 대표로 가담하여 서대문형무소에서 3년을 복역하고 상해로 망명하여 상해임시정부 경기도 대의사로 활약하였다.

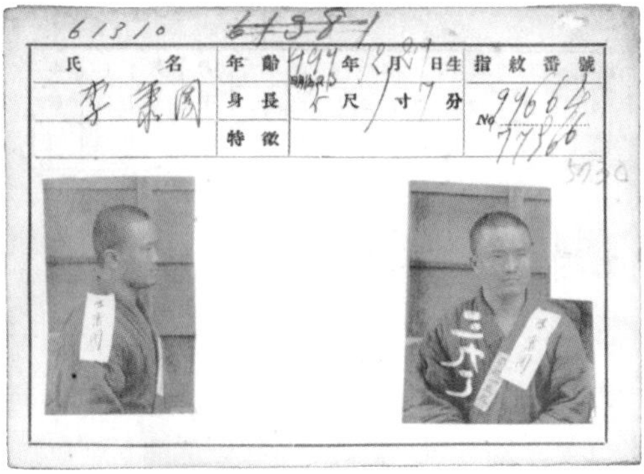

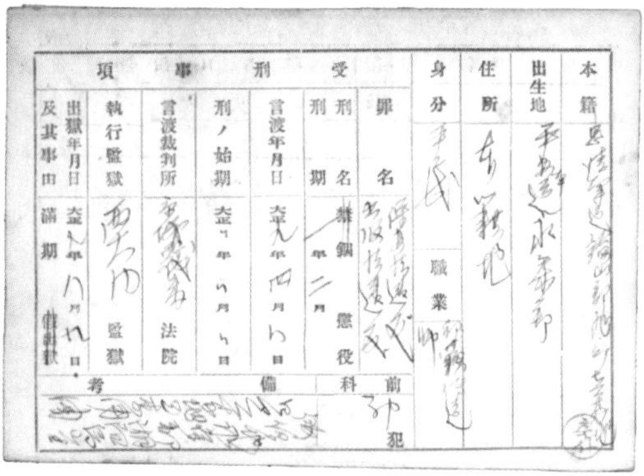

이용준 李容俊

1907년 8월
당시 나이 34세

본적 충청북도 제천군 봉양면 은촌리 **신분** 평민 **직업** 무직

죄명 치안유지법, 폭발물 취체법 위반_ 5년

흑색공포단에 가입하여 운동 자금을 조달하고 천진 일본영사관에 폭탄을 투척하다 체포되었다.

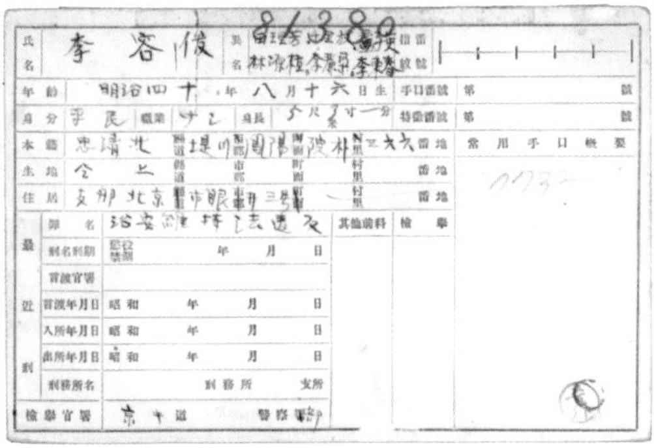

전좌한 全佐漢

1895년 4월
당시 나이 29세

본적 충청북도 옥천군 옥천면 죽향리 **신분** 농업인

죄명 대정 8년 칙령 위반, 폭발물 벌칙, 치안유지법, 총포 화약 취체령 위반_ 5년

조선혁명군대 본영 조직원으로 공공기관에 폭탄을 투척하고 포고문 살포로 독립정신 고취를 모의하였으나 사전 발각되어 피체되었다.

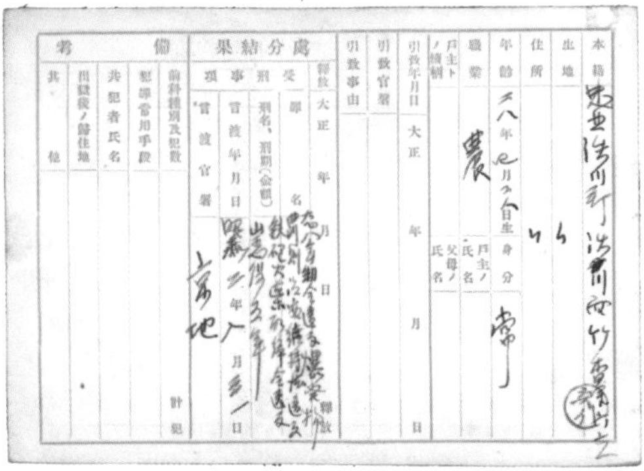

정학순 鄭鶴順

1892년 9월
당시 나이 28세

본적 전라남도 영암군 군서면 성양리

죄명 출판법, 보안법 위반_ 10월

영암군 장날을 기하여 읍내와 구림리에서 동시에 독립만세운동을 거사하기로 계획하고 이날 모인 1,000여 명의 군중과 함께 독립만세를 고창하며 시위하다 피체되었다.

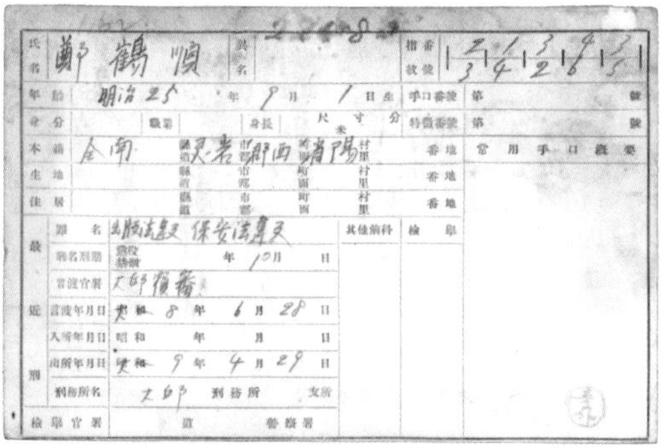
氏名 鄭鶴順
年齡 明治 25 年 9 月 1 日生
身分　職業　身長 尺 寸 分
本籍 全南 靈岩郡西湖面 道陽里 番地
生地
住居
罪名 出版法違反 保安法違反
刑名刑期 懲役 年 10月 日
言渡官署 大邱覆審
言渡年月日 昭和 8 年 6 月 28 日
入所年月日 昭和 年 月 日
出所年月日 昭和 9 年 4 月 29 日
刑務所名 大邱 刑務所 支所
檢擧官署 道 警察署
指紋番號
手口番號 第 號
特徵番號 第 號
常用手口概要
其他前科
檢擧

조안덕 曹安德

1910년 5월

본적 경기도 수원군 수원면 매산리 **신분** 상민 **직업** 배달인

죄명 죄명 치안유지, 살인미수, 폭발물 취체 위반_ 10년

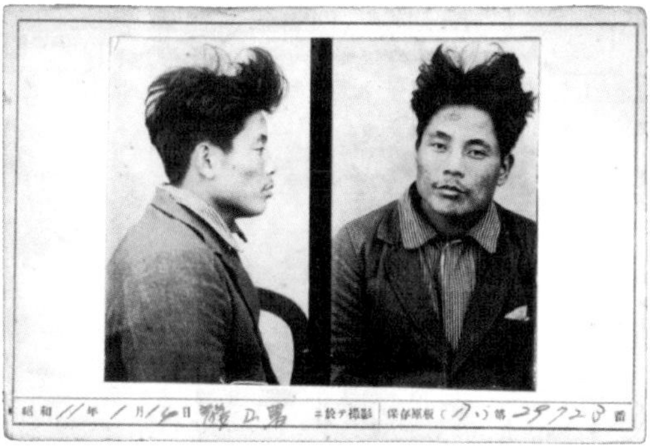

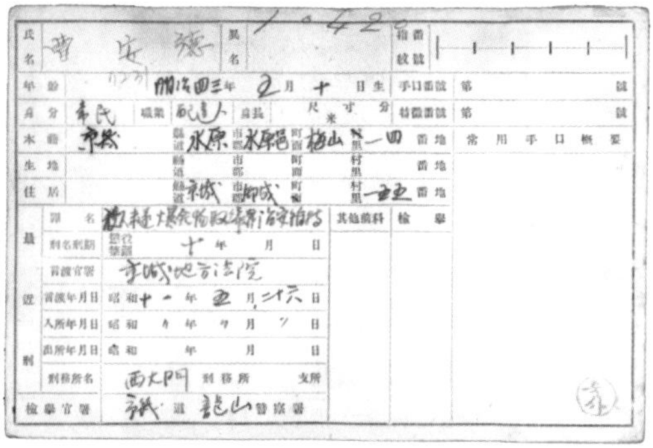

氏名	曹安[illegible]	異名	1042
指紋番號			
年齢	明治四三年 2月 十 日生	手口番號	第 號
身分	常民　職業 配達人　身長 尺 寸 分	特徴番號	第 號
本籍	京畿 道 水原 郡 水原邑 面 梅山 里 一四 番地	常用手口概要	
生地	道 郡 面 里 番地		
住居	京畿 道 京城 府 町 里 番地		
罪名	爆發物[illegible]	其他前科	檢擧
刑名刑期	懲役 十年 月 日		
言渡官署	京城地方法院		
言渡年月日	昭和十一年 五月二十六日		
入所年月日	昭和 年 月 日		
出所年月日	昭和 年 月 日		
刑務所名	西大門 刑務所 支所		
檢擧官署	京畿 道 龍山 警察署		

차주상 車周相

1882년 8월

본적 전라북도 군산군 개복정 **신분** 상민

죄명 치안유지법 위반

車周相
五尺五寸・分
昭和四年五月四日京畿道ニ於テ撮影ノ保存原板

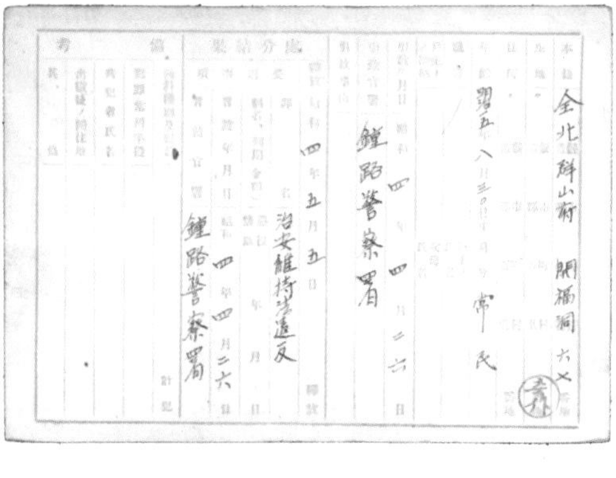
全北群山府 開福洞 六七
鍾路警察署
四年五月五日
治安維持法違反
鍾路警察署

천년도 千年桃

1890년 11월
당시 나이 30세

본적 전라남도 구례군 용방면 용정리　**신분** 상민　**직업** 농업

죄명 보안법 위반_ 1년 6월

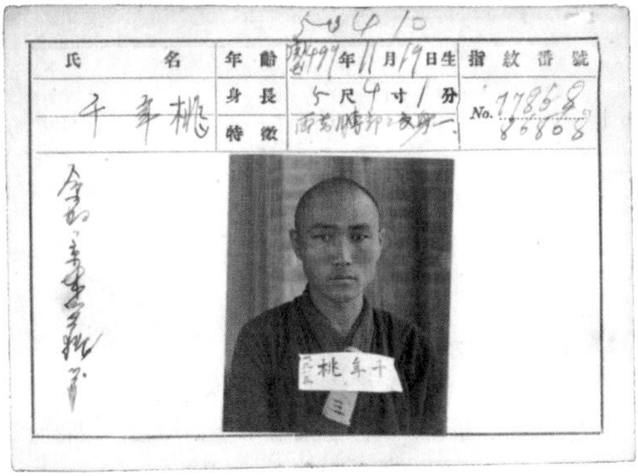

氏名	年齡	1899年11月19日生	指紋番號
千年桃	身長	5尺4寸1分	No. 77858 / 86808
	特徵	[illegible]	

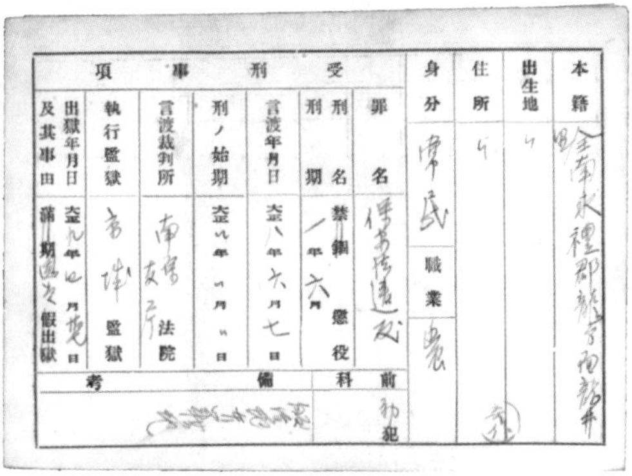

本籍	出生地	住所	身分	職業
全南求禮郡龍方面龍井	〃	〃	常民	農

受刑事項	
罪名	保安法違反
刑名	禁錮 懲役
刑期	一年六月
言渡年月日	大正八年六月七日
刑ノ始期	大正八年 月 日
言渡裁判所	南原支廳 法院
執行監獄	[illegible] 監獄
出獄年月日及其事由	大正九年 月 日 滿期 假出獄

前科	備考
初犯	[illegible]

최진순 崔瑨淳

1901년 6월
당시 나이 19세

본적 강원도 울진군 북면 검성리 **신분** 양반 **직업** 학생

죄명 보안법 위반_ 1년

경성부 각 곳을 배회하며 학생 수천 명과 조선독립만세를 부르고 '경고문', '조선의 목탁', 「조선독립신문」 등을 배포하였다.

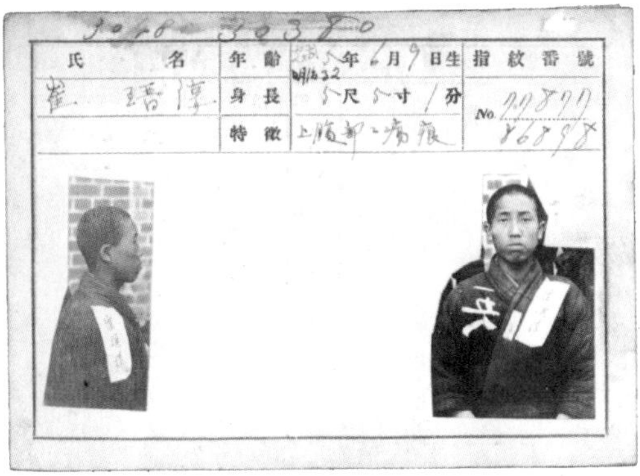

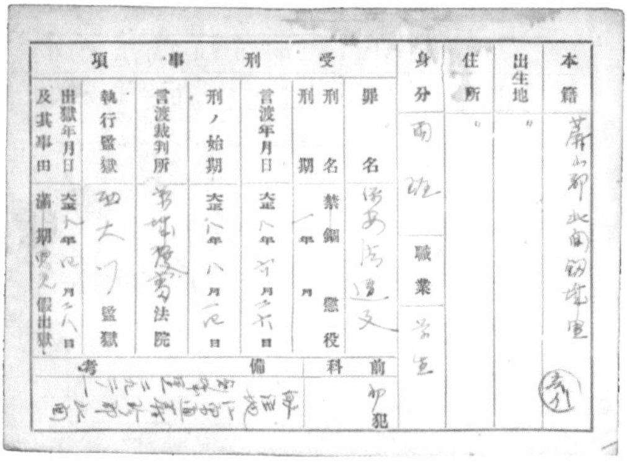

한수자 韓壽子

1903년 8월
당시 나이 18세

본적 강원도 양구군 양구면 중리 **신분** 평민 **직업** 학생

죄명 보안법 위반_ 6월

3·1운동에서 서로 함께 조선독립만세를 외쳤다.

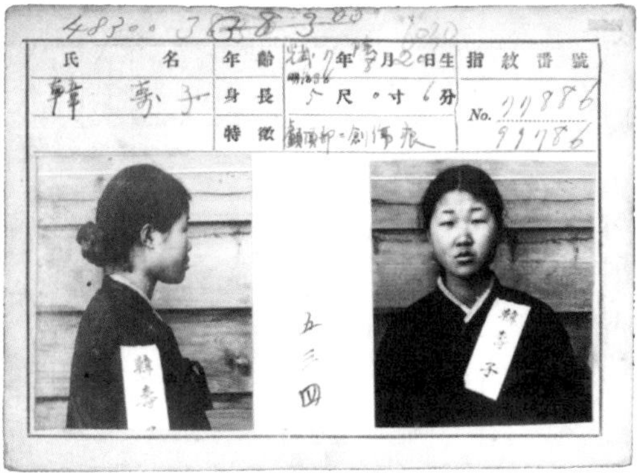

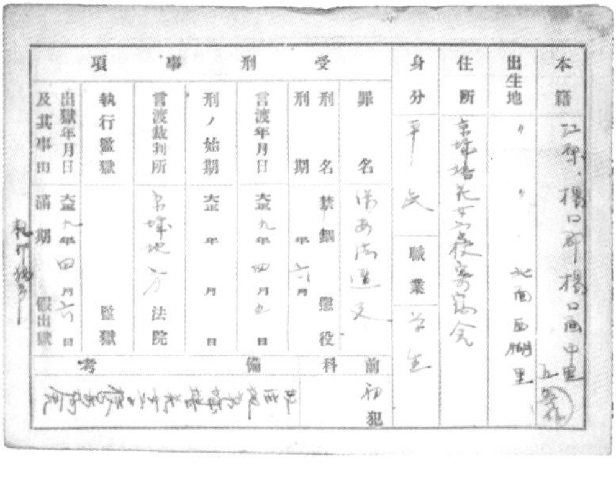

3

제 3 장

'불꽃', 꺾이지 않았던 신념

1939년 일본의 책략으로 강제 연행된 청년들은 전쟁 말기에는 조선의 전라도를 중심으로 '조선인 사냥'이라도 하듯 징병 할당량을 달성했다. 강제 연행과 관련된 이들이 모두 입을 다물어 사실을 밝힐 수 없었지만 노무보국회 부장 한 명의 증언으로 세상에 밝혀졌다.

일본의 강제 징병에 동원된 조선인 청년들.

Le Petit Journal 1907. 08. 04.

르 프티 주르날_프랑스 p. 242, p. 248.

혼란에 빠진 한국

서울에서 봉기한 폭동을 진압하는 일본군
출처: 국립중앙박물관 역사자료총서 17, 『19세기 말-20세기 초 서양인이 본 한국』, 2017, pp. 260-262.

"러일전쟁이 끝난 후 일본은
한국에 보호령을 강제 도입하였다.
현재 일어나고 있는 일련의 사건들로 인해
일본은 한국을 완전히 장악하였다."

얼마 전 한국에서 일본의 영향력을 이용한 일종의 쿠데타가 발생하였다. 지난 44년간 왕위에 있던 황제 이희는 중국·러시아·일본의 끊임없는 탐욕으로부터 나라를 지켜내지 못하고 자신의 아들(순종)에게 왕위를 물려주고 말았다. 일본의 술책에 기인한 이 같은 결과에 대해 국민들 사이에서는 불만이 터져 나왔고 마침내 폭도(의병)들이 일어났다. 한국 군대가 반란을 일으킨 것이다. 서울 도심에서 한국 군대와 일본 군대가 사실상의 전투를 벌였다.

수천 명에 달한 폭도들은 총리(이완용)의 집을 포위하고 불을 질렀다. 이들을 해산시키기 위해 일본 경찰은 포병대까지 동원해야 했다. 총리는 왕궁으로 피신하였고 다른 정부 관료들은 일본인 거주 지역으로 도망갔다. 군부대신(이병무)의 집도 폭도들에 의해 포위되었는데 일본군이 모여 있던 폭도들에게 발포하여 수많은 사망자가 발생하였다.

러일전쟁이 끝난 후 일본은 한국에 보호령을 강제 도입하였다. 현재 일어나고 있는 일련의 사건들로 인해 일본은 한국을 완전히 장악하였다. 일본이 특이할 정도로 다산(多散) 국가라는 사실은 잘 알려져 있다. 섬이 인구 증가로 인해 지나치게 붐비게 되자, 과도한 인구에 대한 배출구가 필요하였다. 하와이·필리핀·미국으로 수많은 일본인이 이민을 갔지만 그것으로는 부족한 상황에 이르렀고, 미국에서는 이민을 제한하는 법까지 제정되어 상황은 더욱 악화되었다. 반면 한국은 현재뿐만 아니라 미래에도 일본에겐 점점 더 자유롭게 이용할 수 있는 활동 무대가 될 것이다.

현재 한국에 정착해 있는 일본인 수는 40만 명 이상으로 추산된다. 그 숫자는 지금도 매일 증가하고 있다. 이러한 이유 하나만으로 일본은 한국의 독립군 세력을 없애고 자신들의 활동을 방해하려는 계획을 무력화시키기에 충분한 것이다. 일본의 한국 침략에 대한 저항을 알리고자 헤이그에 갔던 대표단의 일원인 왕자 이위종(李瑋鍾)에 따르면, 황제 폐위와 황위 계승자 선택과 같은 사건은 일본이 한국에서 세력을 계속 확장할 수 있는 절호의 기회였기에 벌인 일들이었다.

그는 이렇게 말하기도 하였다. "황위에 오르게 될 황태자 이척(李坧, 순종)은 절대로 자신의 황위를 지킬 수 없는 무능한 사람이다. 34세의 무기력한 남자이며 마치 고무처럼 조종하기 쉬운 사람이다. 현대식 교육이라곤 받아본 적도 없고, 지금까지 세상과 완전히 단절되어 살아와 아무런 능력도 없다. 앞으로 일본인의 손에서 놀아나는 꼭두각시가 될 것이고 한국 국민들에게 아무런 영향력도 행사하지 못할 것이다."

이런 상황에서 머지않은 미래에 자신들의 조국이 난폭한 이웃 나라에 영원히 합병되어 버리지 않을까 염려하는 한국인들이 반란을 일으키고 마지막 무력을 행사함으로써 조국의 독립, 나아가 국가적 존재를 보존하고자 한다는 것은 충분히 이해할 수 있는 일이다.

3·1운동의 기록

국민들은 탑골공원에서 독립선언식을 마치고 두 손을 치켜들고 "독립만세!", "독립만세!", "대한독립만세!"를 힘껏 외쳤다. 손수건을 꺼내 혈서를 쓰는 청년, 손가락을 깨물어 태극기를 그리는 청년, 온몸으로 열변을 토하는 청년들은 그들의 앞에 서 있는 일본 경찰을 두려워하지 않았다. 서울시 각처를 누비며 목이 터져라 외쳤던 독립운동은 오후 7시경 끝났다.

3·1운동에 참여한 인원은 몇 명이나 되었을까? 아이에서 노인까지 모두 뛰쳐나와 만세를 불렀으니 서울에서만 40-50만 명이 3·1운동에 참가한 것으로 추측하고 있다.

독립선언문은 도쿄에서 귀국한 유학생들이 불을 지폈다. '조선은 독립국이며 조선인은 자유인이다'라는 선언문 내용은 입에서 입으로 퍼져 나갔고 이것은 폭동이 아닌 독립운동으로 이어졌다. 당시의 상황을 영국 신문기자 멕켄지는 다음과 같이 말했다.

"폭력 시위는 없었다. 일본인은 상처 하나 입지 않았고 일본인 상점도 무사했다. 경찰이 습격해도 지도자들은 반항하지 말고 조용히 따르라고 민중들에게 지시했다. 약자의 담담한 모습에 강자는 당혹했다."

라고 영국 신문기자 멕켄지는 기록했다.
그럼에도 일본 경찰은 무방비한 조선인에게 칼을 휘두르며 양쪽 귀를 베고, 손톱을 뽑았다. 또한 시위 행진에 참가한 시민들의 목을 작두로 잘랐다.

사천 학살 사건
1919. 3. 3.

개신교 목사와 천도교 교구장 등의 주도로 만세운동이 일어나자 일본 헌병대는 시위 군중에 대한 무차별 총격을 가하여 73명을 학살했다. 그러나 시위 군중은 학살에도 불구하고 시위를 계속하여 헌병주재소에 불을 지르고 헌병 2명을 타살했다.

평남 강서군 사천 장날 시위
1919. 3. 4.

사천지역 4개의 교회가 연합해 사천 장날 만세운동을 하기로 한 계획이 발각되어 10여 명이 체포되었다. 장소를 변경해 시위를 벌이던 군중은 체포된 사람들을 구하기 위해 헌병주재소로 향했다. 그러나 일본군은 미리 매복해 있다가 행진하는 시위대에게 무차별 총격을 가하여 시위 참가자 수십 명을 살해했다. 격분한 군중은 맨주먹과 돌을 던지며 일본군에 저항했고 이 시위는 3·1운동 이후 가장 규모가 큰 시위로 기록되었다.

3·5만세운동
1919. 3. 5.

전북 군산에서 영명학교 졸업생이 1919년 2월 26일 민족 대표 33인 중 한 명인 이갑성과 접촉하여 독립선언서 200여 장을 건네받고 만세운동을 주도했으며 영명학교, 멜본딘여학교(현 군산 영광여중·고교), 구암교회 교인, 시민 등 500여 명이 3월 5일 시위에 참가하였다. 윌리엄 린튼은 군산의 만세운동을 지도하였는데, 시위는 이후에도 28차례에 걸쳐 계속되어 시민 3만여 명이 시위에 참가하였다. 시위 당시 일본의 폭력 진압으로 인해 53명이 사망하고, 72명이 실종되었으며, 195명이 부상을 당해 만세운동으로 인한 사상자로서는 전라북도 내에서 가장 많은 규모였다. 이는 3·1운동 이후 한강 이남 지역에서 최초로 벌어진 만세운동으로 그 의미가 크다.

곽산 학살 사건
1919. 3. 6.

곽산 그리스도교회를 중심으로 봉기하여 점차 수천 명이 시위에 동참하자, 일본은 독립운동가 박지협을 주동 혐의로 체포 직후 타살하고, 체포한 시위 군중 100여 명 중 50여 명이 잔인한 고문으로 사망했다. 일본은 시위 진압 과정에서 군중에 대해 무차별 총격을 가했으며, 광견을 죽이는 데 사용하던 쇠갈고리로 시위 군중 수천 명을 참살했다. 일명 '곽산의 참살'이라고도 불린다.

맹산 사건
1919. 3. 10.

1919년 평안남도 맹산군에서 일어난 만세운동. 이곳은 민간인이 가장 많이 학살된 곳으로 54명의 사망자가 발생했다. 맹산 천도교 교인 50여 명이 가두로 진출, 독립선언서를 살포하며 만세운동을 벌이다가 일본 헌병의 출동으로 강제 해산되었다. 그러나 며칠 뒤인 3월 10일, 일본은 천도교인 1명을 만세운동 주동자라 하여 헌병주재소에 잡아다 가두고 혹독한 고문을 가하였다. 이에 격분한 군중이 헌병주재소로 몰려가 체포자의 석방을 요구하자 일본 측은 군중을 모두 뜰 안에 들어오게 한 다음, 문을 걸어 잠그고 나서 53명을 나란히 세운 뒤 높은 곳에 올라가 모조리 사살하였다. 생명이 끊어지지 않은 사람들은 칼로 찔러 죽였다. 이로 말미암아 50명이 그 자리에서 순국하고 3명만이 겨우 살아나왔다. 그러나 맹산의 주민들은 이에 굴하지 않고 연일 산발적인 만세운동을 벌였고 일본의 야만적 무력행사로 인하여 많은 사람이 순국하고 부상당했다.

만주 용정 만세운동
1919. 3. 13.

만주 지역에서의 대표적인 만세운동은 용정에서 3만여 명이 참가한 시위였다. 이들은 독립선언서를 낭독하고 독립만세를 외쳤는데, 시가 행진을 하자 중국 군대가 시위대를 향해 발포하여 사상자가 발생하였다. 일본은 3·1 운동의 영향을 차단하기 위하여 심양에서 조선인회를 열었다. 조선인회에 참석한 한국인들은 일본인과의 차별 철폐를 요구하였다.

합천 학살 사건
1919. 3. 16.

경남 합천군 야로면에서 주민들과 해인사의 승려들이 모여 만세운동을 벌였는데, 그 참가자가 1만여 명에 이르렀다. 3월 18일 합천군 강양면의 시장에서 시위가 있었다. 일본 군인과 경찰이 쇠몽둥이와 장검으로 해산시키려 했으나 어려워지자 발포하여 3명이 죽고 다수가 부상을 입었다. 3월 19일에는 합천군 대정면에서 지역 유지와 노동자들이 고현시장에 모여 독립을 선언하고 만세운동을 벌여 주모자 5명이 체포되어 진주로 압송되었다. 3월 22일에는 상백, 백산, 가회, 삼가 등 다섯 면의 주민 3만여 명이 모여 만세운동을 벌였다. 질서 있는 평화시위를 벌였음에도 일본군이 무차별 발포하여 42명이 사망하고 100여 명이 큰 부상을 입었다. 같은 날 초계면에서도 유림과 학생의 주도로 8천여 명이 모여 만세운동을 벌이자 역시 일본군이 발포하여 5명이 죽고 수십 명의 부상자를 냈다.

삼진 의거
1919.3. 28. / 4. 3.

두 차례에 걸쳐 전개된 삼진 의거는 창원 일대의 연합 대시위였다. 서울에서 시위에 참가한 뒤 연고지에 돌아온 변상태(卞相泰)가 진전, 진북, 진동면 등 3개면에서 동조하는 인사들을 모아 모의했다. 단일 시위로는 마산 지역에서 가장 격렬한 시위였으며, 전국적으로도 규모가 큰 연합 운동으로 기록되었다. 제1차 삼진 의거에서 검거를 피한 주모자들이 태극기를 제작해 제2차 삼진 의거(4·3 삼진 의거)를 재차 계획했으며, 진북면 지산교 부근에서 약 3,000여 명의 비무장 시위대가 일본 헌병대와 유혈 충돌하여 5명이 즉사하고 11명이 부상당하는 피해를 입었다.

의주 사건
1919. 3. 29.

일본 군인이 의주의 시위 군중을 학살한 사건이다. 당시 전국적으로 번졌던 3·1운동이 의주군 영산시장에서도 일어났다. 일본군은 독립만세를 부르는 군중을 습격해 6명을 학살했다. 희생자들의 친척들은 시체를 헌병주재소에 옮겨 통곡하면서 독립이 이루어지기 전에는 매장하지 않겠다고 항의했으나 일본군의 무력 진압이 다시 발생하여, 수많은 사람이 죽거나 부상당하였다.

천안 아우내 만세운동
1919. 4. 1.

천안 병천시장에 있던 3,000여 명의 군중 앞에서 독립선언서를 낭독하고 독립만세를 부르자 일본 경찰과 헌병은 총검을 이용하여 강력한 진압을 했다. 자식의 비보를 듣고 온 한 모친이 자식의 시신을 안고 통곡하자 그 모친마저 창과 칼로 찔러 살해하였다. 일본의 강제 진압으로 현장에서 사망한 사람은 19명이며, 유관순을 포함한 많은 참가자들이 부상, 투옥 등의 어려움을 겪었다.

전북 남원 학살 사건
1919. 4. 3.

남원군 덕과면장은 관청 행사였던 식수 기념식이 예정된 4월 3일을 기해 만세운동을 벌이기로 계획하고 19개 면에 격문과 참가 취지서를 보냈다. 나무 심기를 핑계로 군중 800여 명을 모아 식수 기념식을 끝내고 19개 면장 등이 만세를 선창하자 군중들이 호응하여 남원-전주 간 도로를 행진하며 만세운동을 벌였다. 이 소식은 곧 남원군 전체에 퍼졌으며, 다음날인 남원읍 장날에서 또다시 만세운동이 벌어졌다. 장날 오후에는 광한루 앞 광장에서 군중 1,000여 명이 모여 시위를 벌이자 수천여 명의 주민들이 다시 합세해 대규모 시위가 벌어져 읍내 전체는 시위 군중으로 가득했다. 일본군은 시위대에 총격을 가해 이 과정에서 8명이 현장에서 즉사하고 10여 명이 중상을 입었으며, 20여 명이 체포되었다.

익산 이리 장날 만세운동
1919. 4. 4.

군산 영명학교 교사 문용기가 이리 장날을 이용하여 일어난 독립운동을 주동하였다. 만세운동에 참여한 군중들은 교사의 지휘에 의해 독립선언서를 나누어 가지고 태극기를 휘날리며 대열을 지어 시가를 행진하였다. 군중의 수가 점차 늘어 1,000여 명이 되자 일본 헌병대가 출동하여 이를 제지하였다. 시위 군중이 이에 대항하여 계속 만세운동을 진행하자 급기야는 무차별 사격을 감행하여 사상자가 속출했다. 이 때 영명학교 교사가 오른손에 태극기를 들고 군중의 앞으로 나아가 독립운동의 정당성과 일본의 만행을 규탄하는 연설을 하였다. 그러자 일본헌병이 칼을 휘둘러 그의 오른팔을 베어 태극기와 함께 땅에 떨어뜨렸다. 그는 쓰러지지 않고 다시 왼손으로 태극기를 들고 만세를 외치며 전진하자 이번에는 왼팔마저 베어 버리니 그는 두 팔을 잃은 몸으로 뛰어가며 계속 만세를 외쳤다. 이에 격분한 일본 헌병은 끝까지 추격하여 사정없이 난자하였고, 그는 목숨이 끊어지는 순간까지 독립만세를 외치다가 끝내 순국하였다.

수촌리 사건
1919. 4. 5.

제암리 장터에서의 만세운동은 수촌리에서 격해졌다. 주민들은 일본인이 다니는 소학교나 면사무소를 습격했다. 격분한 주민들은 주재소를 불태우고 일본 순사를 살해하자 일본군은 곧바로 보복에 나섰다. 그들은 수촌리를 급습해 일대를 방화하고 민간인들을 학살했다. 마을 전체가 몰살당한 수촌리의 실상이 입소문을 타고 서울까지 퍼졌으나, 일본은 수긍하지 않았다. 수촌리 학살 사건은 선교사 언더우드와 영국 공사관, 기자가 수촌리를 직접 방문해 전 세계에 알렸다.

화수리 학살 사건
1919. 4. 11.

4월 3일 시위 군중이 화수리 주재소에 불을 지르고 시위대에 총격을 가한 일본 순사 1명을 타살하자, 11일 새벽에 일본은 헌병과 경찰을 동원해 민가에 불을 지르고 뛰쳐나오는 사람을 총으로 쏘거나 칼로 찔러 마을 주민 수십여 명을 학살했다. 40가구가 모여 살던 화수리는 사건 이후 대부분이 불에 타고 18가구만 남았으며, 사건 이전까지는 비교적 부촌이었으나 사건 이후 아사자(餓死者)가 속출했다.

제암리 학살 사건
1919. 4. 15.

3·1운동에 대한 일본의 보복 행위로 수원 향남면 제암리에 민간인 20여 명을 학살한 사건이 발생했다. 당시 제암리 근처 발안 장터에서 만세운동이 있었고, 일본인 소학교가 불에 타자 주민들은 인근으로 피신했다. 이에 대한 보복으로 일본군은 3·1운동 진압 과정에서 폭행과 탄압을 인정하면서 사과하겠다고 속여 그들을 교회당에 모이게 했고 출입문과 창문을 잠근 후 사람들을 총칼로 학살하고 증거를 남기지 않으려 불을 질렀다. 일본군은 불속을 뛰쳐나온 주민을 총으로 쏘거나 총검으로 찔러 죽이기도 했다. 한 여인이 아이만은 살려달라며 아이를 창밖으로 내보내자 그 아이도 찔러 죽였다. 이 사건으로 29명이 살해되었다. 제암리 사건의 충격과 공포는 엄청났고, 화성에서의만세운동은 급격하게 줄었다. 미국인 언더우드와 영국인 스코필드 선교사의 현장 사진과 목격담이 보고서로 작성되어 잊혀질 뻔했던 제암리 학살 사건은 전 세계에 알려졌다.

신한촌 사건
1920. 4. 5.

신한촌 사건은 1920년 4월에 연해주 신한촌에서 일본군이 조선인을 대량 학살한 사건으로 4월 참변이라고도 한다. 1917년 러시아에서 10월 혁명이 일어나자 일본 제국은 시베리아에 거주하는 일본인을 보호한다는 명분으로 군대를 파병했다. 1920년 볼셰비키의 붉은 군대와의 전투에서 일본인이 학살당하자, 이에 대한 보복으로 신한촌을 기습해 한민학교 등 주요 건물을 불태우고 한인을 학살했다. 붉은 군대에 조선인 항일 세력이 가담해 있었기 때문이다.

신한촌 뿐 아니라 연해주 곳곳에서 살인과 방화, 검거 사태가 이어지면서 이 지역 조선인 사회 지도자인 최재형(崔在亨), 김이직(金理直), 엄주필(嚴柱弼), 황경섭(黃景燮) 등이 일본군에게 살해되는 등 다수의 피해자가 나왔다. 블라디보스토크와 우수리스크에서는 각각 수십 명의 조선인이 체포되었다. 친일 단체에 참가한 세력은 주로 조선인 자산가들이었는데 이 사건 이후 항일 운동 기지로서의 신한촌의 역할은 크게 퇴색되었다.

훈춘 사건
1920. 10. 2.

훈춘 사건은 1920년 일본 제국은 중국 마적단과 내통해 고의로 일본 관공서를 습격했고 조선인은 가담하지 않았다는 증언에도 불구하고 불량 선인으로 100여 명을 포함시켜 발표했다. 3·1운동 이후 독립군 토벌을 하려 했던 일본군은 봉오동전투에서 패배했고 이 어이없는 학살은 봉오동전투 패배에 대한 보복이었다. 일본은 독립운동의 기반을 완전히 말살시키기 위해 8개월에 걸쳐 2,500여 채의 가옥을 불태웠고, 만주에 있는 조선인 3만여 명을 학살하는 등 철저하게 파괴하였다.

대구 학살 사건

대구에서 2만 3천 명이 시위를 벌여 일본군에 의해 113명이 총살되었고, 87명이 부상을 입었다. 김용해의 아버지가 이 시위의 주모자로 독립선언을 낭독했는데, 김용해는 체포하러 온 일본군과 맨손으로 대항하다가 칼에 맞아 중상을 입었으며, 부자가 투옥되어 며칠 후 사망하였다.

강낙원 姜洛遠

1882년 1월
당시 나이 38세

본적 경상북도 안동군 녹전면 삼동 **신분** 상민 **직업** 구장

죄명 보안법 위반_ 10월

서삼동의 동장으로 재직 중 전국에서 전개되는 독립운동에 자극받아 예안 장터에서 장날을 기해 운집한 군중들과 함께 독립만세를 고창하며 만세운동을 하다 피체되었다.

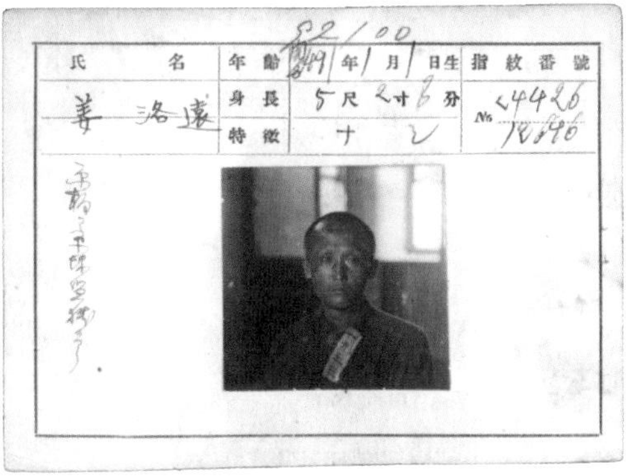

氏名 | 年齡 年 月 日生 | 指紋番號
身長 5尺2寸 分 | №
特徵

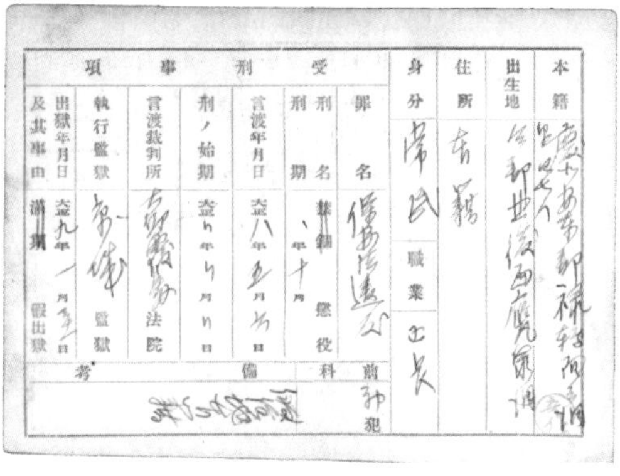

受刑事項
罪名
刑名 刑期 懲役 十月
言渡年月日
言渡裁判所 法院
刑ノ始期
執行監獄 監獄
出獄年月日及其事由 假出獄
備考
前科
身分 常民
住所
職業
出生地
本籍

강병창 姜炳昌

1898년 7월

본적 경상남도 진주부 대곡면 설매리 **신분** 상민 **직업** 대학생

죄명 치안유지법 위반_ 3년 6월

조선공산당 일본부를 조직, 검사 위원으로 선임되었고, 1927년 12월 초순에 당 대회 건의안 작성 간부회가 개최되었을 때 일본부 대표로 출석하여 그 결의를 귀국할 때 조선공산당 간부에 제출하는 등 활동하다가 1928년 2월 체포되었다.

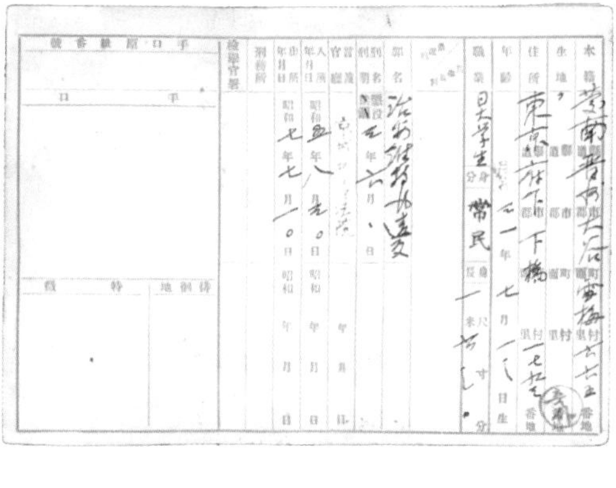

강부성 姜富成

연도 미상
당시 나이 23세

본적 경기도 개성부 송도면 대화정 **신분** 상민 **직업** 과자직인

죄명 보안법 위반_ 10월

정치 변혁의 목적을 가지고 다수의 군중과 조선독립만세를 부르며 면 내를 횡행하고, 구한국기를 흔들며 군중들과 선동 만세를 부르며 순사파출소 부근까지 나가는 등 치안을 방해해 체포되었다.

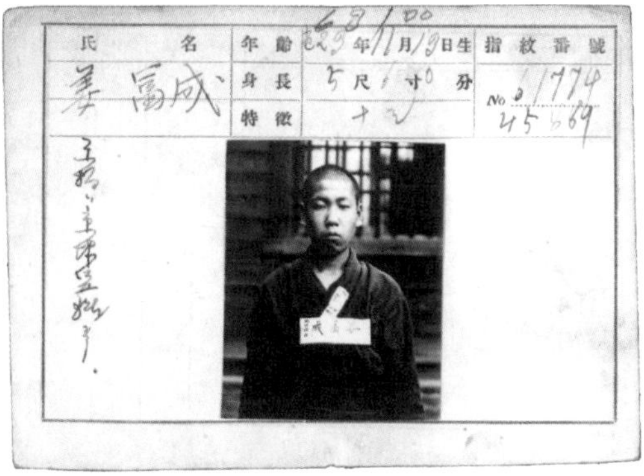

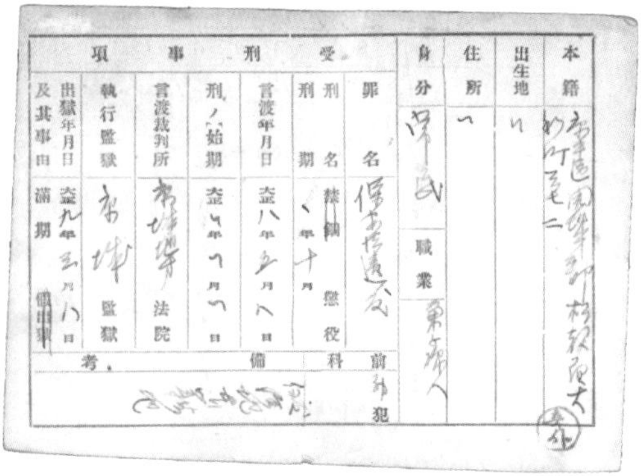

강우규 姜宇奎

1855년 7월
당시 나이 66세

본적 평안남도 덕천 무능면 제남리

광동학교를 설립하였고, 조선총독 암살을 결의하고 폭탄을 투척하여 피체되었다. 1920년 11월 29일 서대문형무소 형장에서 처형되니 향년 65세였다. 의사는 문화계몽사업에도 진력하여 6개의 학교와 3개의 교회 및 노인단 1개와 민회 2개를 조직, 운영하였다. 한일병합을 계기로 총독을 살해할 목적으로 폭탄, 수류탄을 은닉하였다.

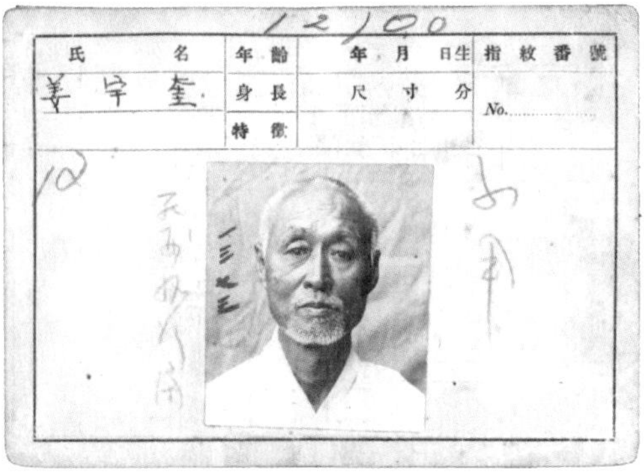

12100

氏名 姜宇奎

年齡 年 月 日生

身長 尺 寸 分

特徵

指紋番號 No.

受刑事項

罪名

刑名 刑期 禁錮 懲役

言渡年月日

刑ノ始期

言渡裁判所 法院

執行監獄 監獄

出獄年月日及其事由 滿期 假出獄

前科

備考

本籍

出生地

住所

身分

職業

강약수 姜若秀

1909년 12월

본적 충청남도 아산군 인주면 공세리　**직업** 학생

죄명 출판법, 치안유지법 위반

조선학생회 집행위원장 등으로 활동하고, 국제반제동맹의 국내 지부로서 경성도시학생 협의회 반제부를 각 학교에 조직하고 일본의 만주 출병에 반대하는 반전 격문을 배포하는 등의 활동을 하다 체포되었다.

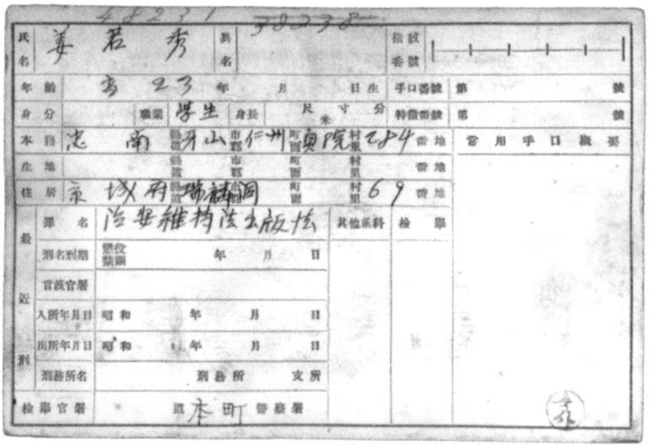

강윤조 姜潤祚

1890년 1월
당시 나이 30세

본적 경상남도 통영군 통영면 조일정 **신분** 상민 **직업** 회세자 제조

죄명 보안법 위반_ 1년

통영면에서 다수의 동지와 만세운동을 할 것을 계획하고 장날에 참집한 3,000여 명의 군중 앞에서 솔선하여 만세를 고창하다 피체되었다.

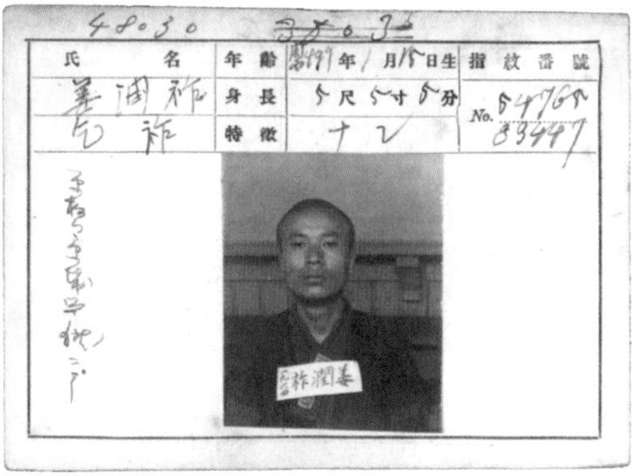

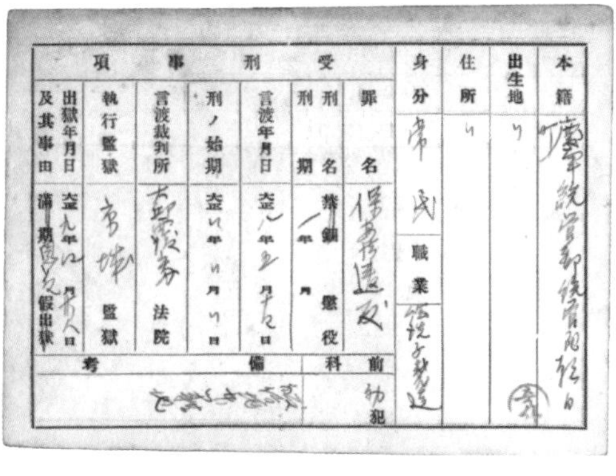

곽대용 郭大鎔

1895년 12월
당시 나이 25세

본적 경기도 안성군 일죽면 장암리 **신분** 평민 **직업** 구장

죄명 보안법 위반_ 1년

일죽면 주천리에서 주민 200여 명을 규합하여 독립만세운동을 하다 피체되었다.

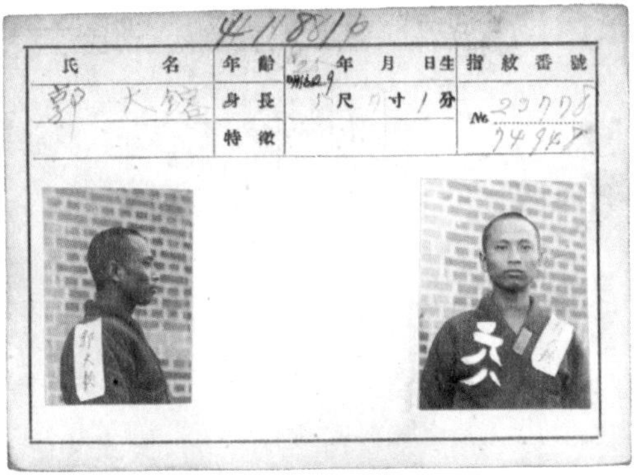

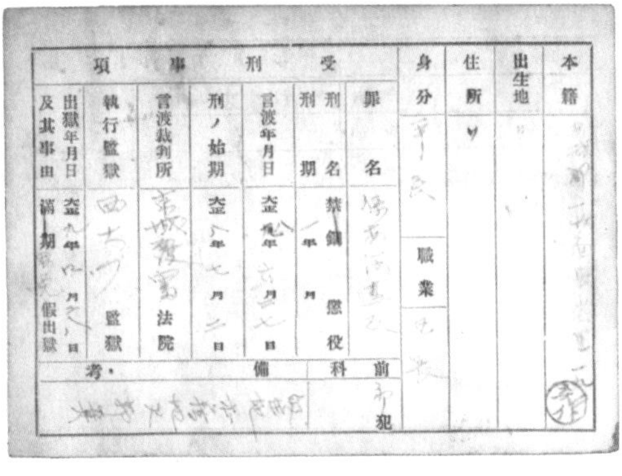

권오진 權五璡

1899년 6월
당시 나이 21세

본적 경상남도 통영군 연초면 다공리 **신분** 상민 **직업** 농업

죄명 출판법, 치안유지법 위반_ 2년

3·1운동에 참여하였다가 귀향 후 독립선언서를 통영시 일원에 살포하고 군수 등에게 대한독립 경고문과 사직 권고장을 발송, 활동하다가 피체되었다.

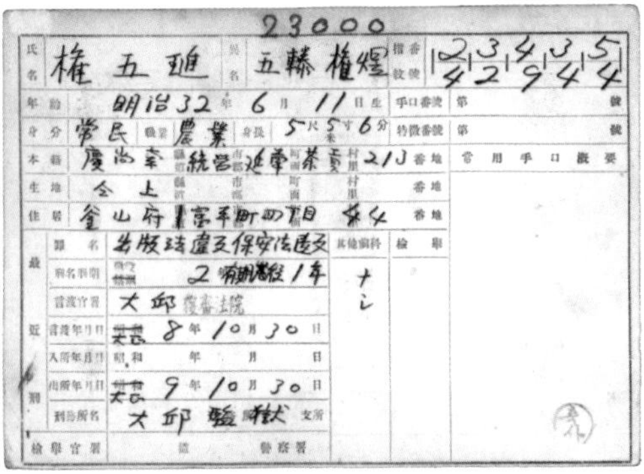
23000

氏名 權五班　異名 五赫 權煜

年齡 明治 32年 6月 11日生

身分 常民　職業 農業　身長 5尺 5寸 6分

本籍 慶尚南道 統營郡

生地 仝上

住居 釜山府

罪名 出版法違反及保安法違反

言渡官署 大邱覆審法院

言渡年月日 大正 8年 10月 30日

出所年月日 大正 9年 10月 30日

刑務所名 大邱監獄

김동석 金東晳

1904년 5월
당시 나이 16세

본적 경기도 경성부 홍파동 **신분** 평민 **직업** 학생

죄명 출판법 위반_ 8월

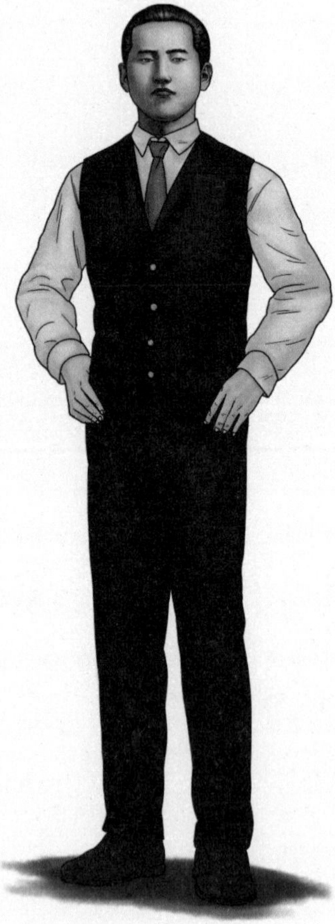

주민을 모이게 하여 독립만세운동을 거사하자고 결의하고, 격문 60여 매를 인쇄, 배포하였다. 이후 3·28 시위 군중 700여 명을 이끌고 면사무소로 행진하면서 독립만세를 고창하며 기물 등을 파괴하며 활동하다 피체되었다.

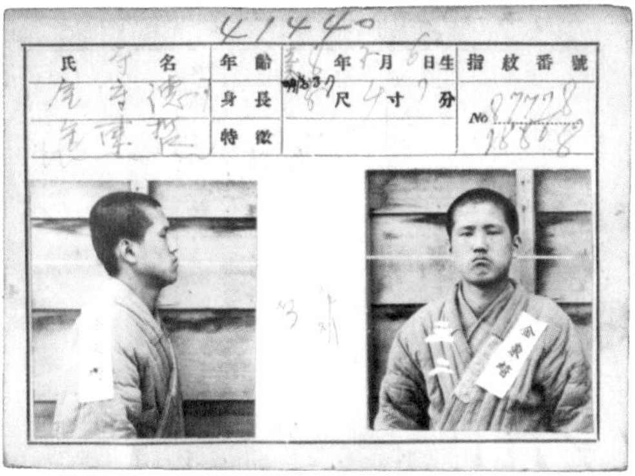
41440
氏名 年齡 年 月 日生 指紋番號
身長 尺 寸 分 No.
特徵

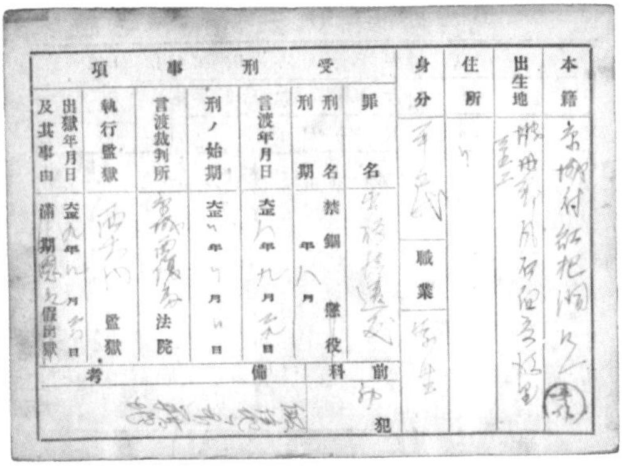
受刑事項
罪名
刑名 禁錮 懲役
刑期 年 月
言渡年月日 大正 年 月 日
刑ノ始期 大正 年 月 日
言渡裁判所 法院
執行監獄 監獄
出獄年月日 大正 年 月 日
及其事由 滿期
身分
職業
住所
出生地
本籍
前科 犯
備考

김봉녀 金鳳女

1919년 5월
당시 나이 23세

본적 황해도 황주군 황주면 성남리 **신분** 무직

죄명 치안유지법 위반_ 2년 6월

등대사에 가입하여 전국을 돌며 소책자를 판매하였다. 교리 선명을 하였고 궁성요배, 신사참배는 우상숭배라고 말하였다.

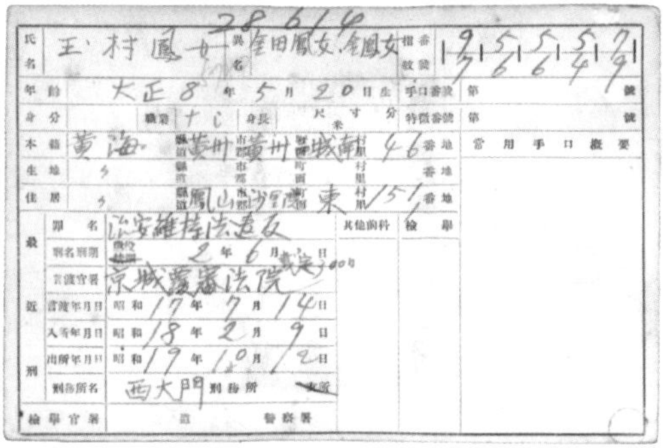

김백원 金百源

1860년 6월
당시 나이 61세

본적 경기도 경성부 안국동 **신분** 양반 **직업** 목사

죄명 출판법, 보안법 위반_ 8월

독립만세운동에 참가하고 조선독립의 정당성을 주장하는 격문을 작성하여 조선총독에게 보내어 우리나라의 독립을 촉구하고 보신각 앞에 운집한 군중에게 격문을 낭독하는 등 당시 최고령인 61세의 연장자로 주동자 역할을 하다 피체되었다.

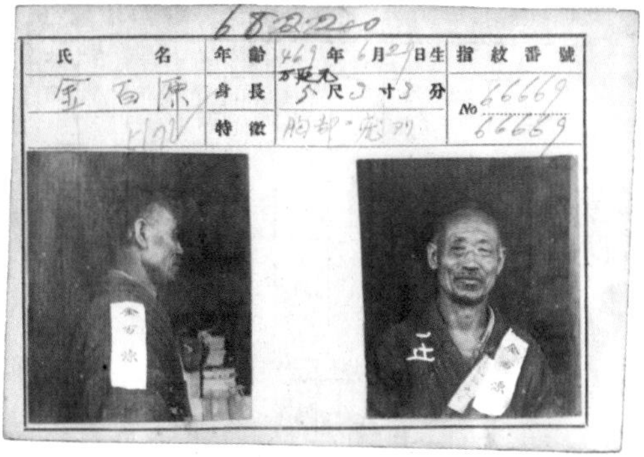
氏名 金百源
年齡 年 月 日生
身長 尺 寸 分
特徵
指紋番號 No 66669

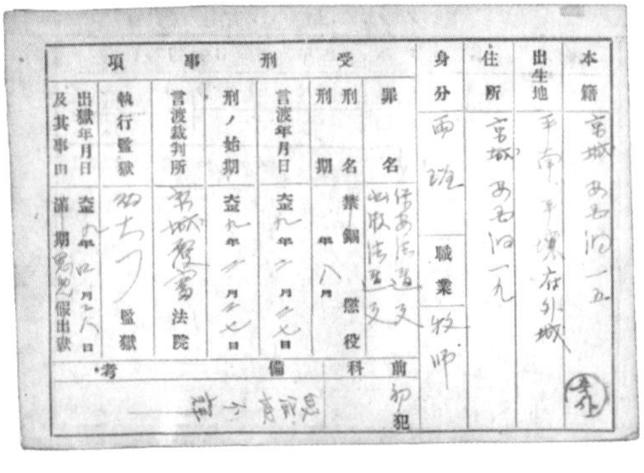
本籍
出生地
住所
身分 兩班
職業 牧師
受刑事項
罪名 保安法違反 出版法違反
刑名 懲役
刑期 年 月
言渡年月日 大正九年 月 日
刑ノ始期 大正九年 月 日
言渡裁判所 京城覆審法院
執行監獄 監獄
出獄年月日及其事由 大正 年 月 日 滿期 假出獄
前科 初犯
備考

김완규 金完圭

1877년 7월
당시 나이 44세

본적 경기도 경성부 연지동 **신분** 양반 **직업** 천도교 신자

죄명 보안법 위반_ 2년

조선의 독립을 위하여 규합, 독립선언서를 비밀리에 제작, 인쇄하여 이를 조선 전체에 배부하였다. 민중을 선동하고, 미국 대통령 윌슨에게 조선독립 청원서를 송부 하는 일 등을 모의 실행하였으며, 선언서를 비밀리에 배부하고 선언식을 거행, 민중을 선동하여 독립만세를 고창하였다.

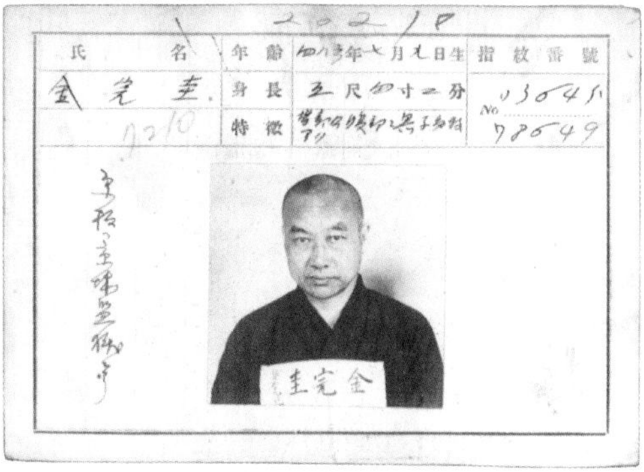

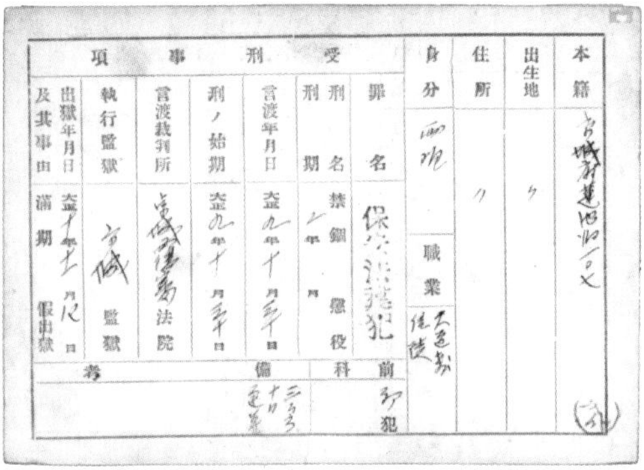

1910년 8월

신현중 愼弦重

본적 경기도 경성부 내자리 **직업** 무직

죄명 치안유지법 위반_ 3년

경성제국대학 재학 중 반제경성도시학생협의회를 주동하여 조직하고 조선 독립과 당시 일본의 만주 출병을 반대하고, 지하 출판물을 발행하여 반제 반전 격문을 인쇄, 살포하다 피체되었다.

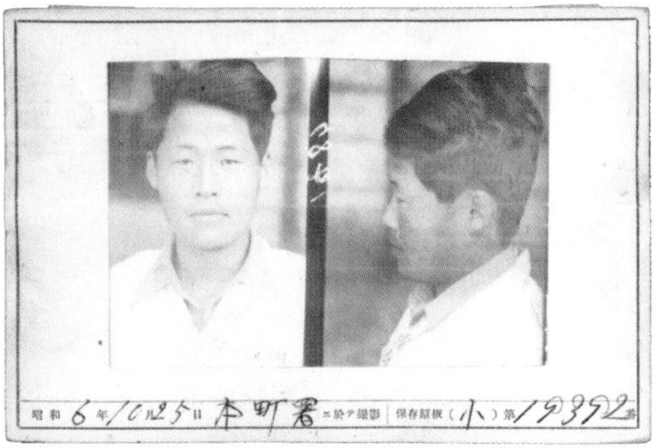

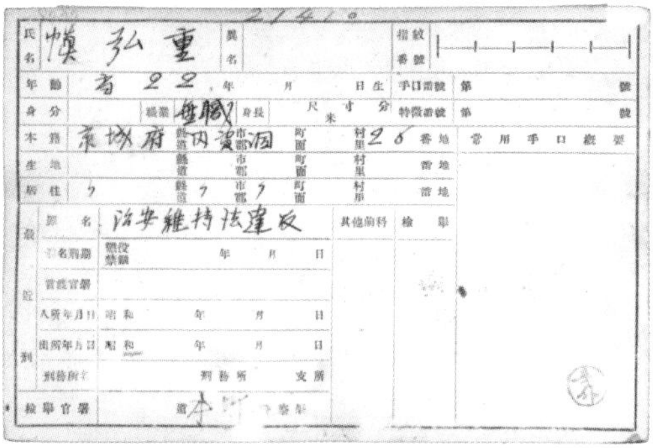

안옥자 安玉子

1902년 10월
당시 나이 19세

본적 경기도 포천군 소흘면 이동교리　**신분** 양반　**직업** 학생

죄명 보안법 위반_ 6월

3·1운동에서 함께 조선독립만세를 외쳤다.

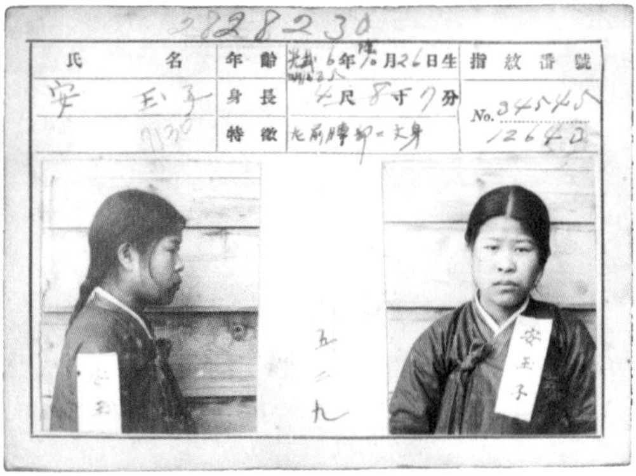

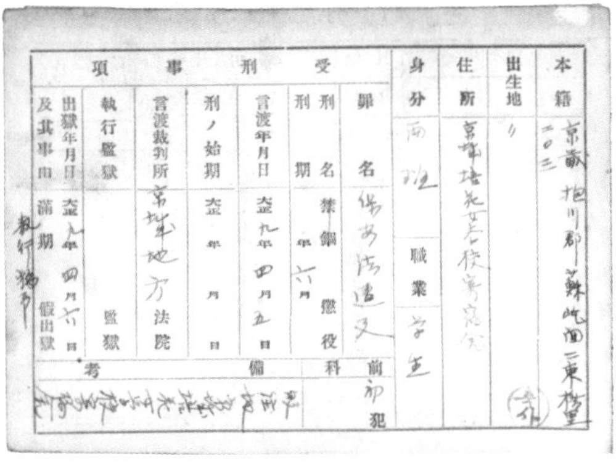

여운형 呂運亨

1885년 4월
당시 나이 45세

본적 경기도 경성부 연지동 **신분** 양반 **직업** 교사

대한제국 시절 신학문을 공부하고 계몽운동에 나섰으며, 1910년 국권 상실 이후 중국으로 망명하여 상해를 중심으로 독립운동에 가담했다. 1929년 일본 경찰에 체포되어 국내에 압송된 후 언론과 체육계에서 활동하면서 식민지 말기에는 조선건국동맹(朝鮮建國同盟)을 만들어 독립을 준비했다. 1945년 해방 이후 중도적 좌파의 입장에서 민족의 분열을 막기 위한 좌우합작운동에 나섰으나 1947년 7월 극우 청년에게 암살당했다.

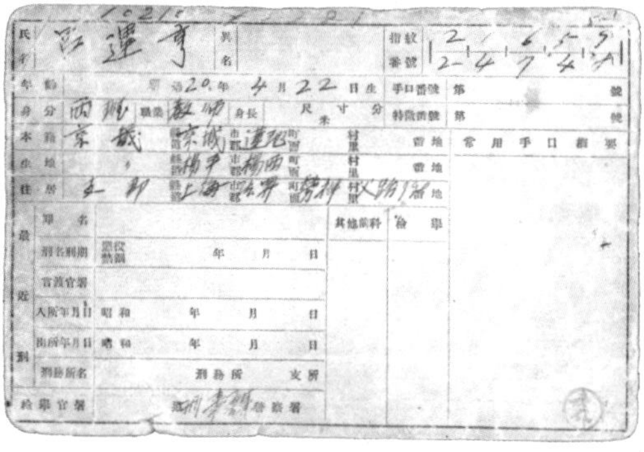

오동진 吳東振

1889년 8월

본적 평안북도 의주군 광평면 청수동 **신분** 상민 **직업** 무직

죄명 폭발물 취체법 위반_ 20년

광복군 총관의 관장이 되었고 동년 미국위원단 내한 시 안경신 여사, 임용일, 정사복 등을 국내에 파견하여 적기관을 폭파케 하였다. 군사위원장 총사령관으로 활약하던 중 적에게 피금되어 신의주지방법원에서 무기징역을 언도받고 복역 중 옥사하였다.

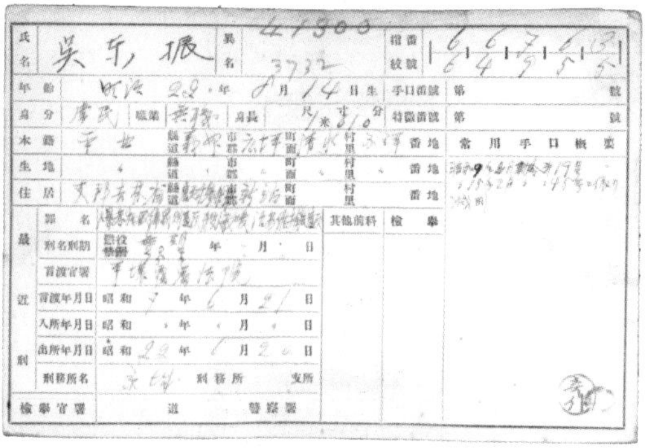

윤용화 尹龍化

1909년 11월
당시 나이 22세

본적 강원도 이천군 이천면 신당리 **신분** 상민 **직업** 농업

죄명 출판법, 치안유지법 위반_ 3년

농민자치회를 조직하여 농민들에게 일본의 탄압과 농민착취를 폭로하고 일본과 야합하는 재벌들의 횡포를 규탄하는 항일운동을 하다 체포되었다.

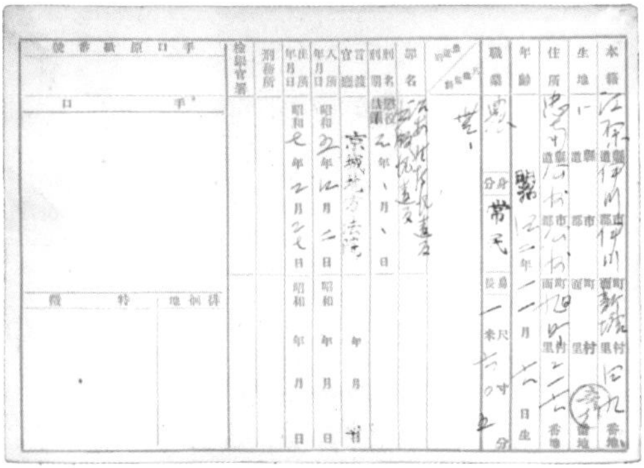

이도재 李道在

1879년 6월
당시 나이 42세

본적 함경남도 이원군 동면 의덕리 **신분** 상인 **직업** 천도교 포훈

죄명 출판법, 보안법 위반_ 1년 6월

함경남도 이원에서 동면 천도교 교구장 함께 조선민족독립단을 결성하여 군중들에게 독립선언서를 인쇄, 배포하고 독립만세운동을 주도하였다가 체포되었다.

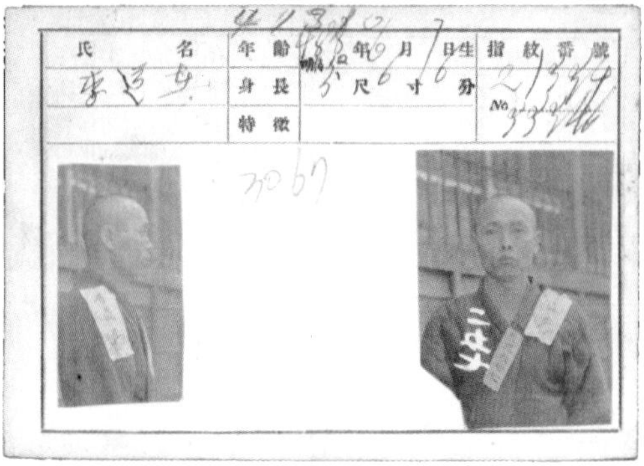

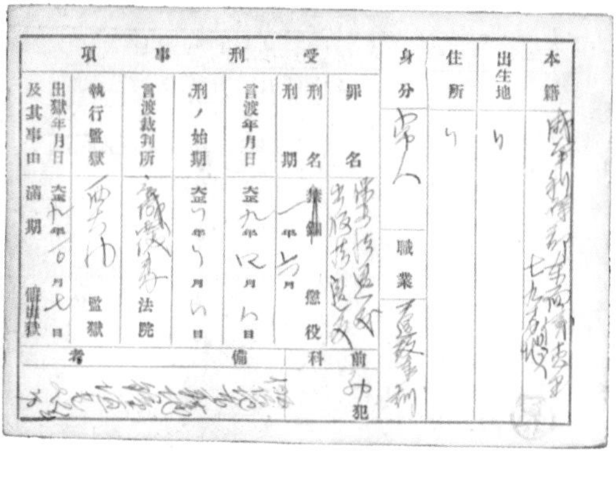

이배건 李培乾

1913년 5월
당시 나이 20세

본적 함경남도 신흥군 가평면 능리

죄명 보안법 위반_ 6월

함흥농업학교 4학년으로 '노예적 교육 철폐', '강도적 일본 제국주의 타도', '전 피압박 민중 해방 만세', '경찰관의 학교에 대한 간섭 절대 반대' 등 정치에 관하여 불온한 문사(文辭)를 기재한 격문 100매를 작성하였다. 이튿날 동교 생도들을 선동하여 동맹휴교로 행동함과 아울러 동창생으로 하여금 농업학교 구내에서 이 격문을 살포하였다.

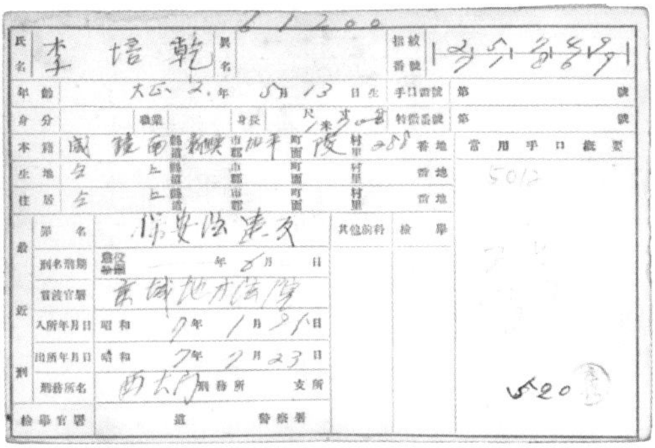

氏名	李 培 乾	指紋番號	
年齡	大正 2 年 5 月 13 日生	手口番號	第 號
身分	職業 身長 尺 寸	特徵番號	第 號
本籍	咸鏡南道 新興郡 加平面 288 番地	常用手口概要	
生地	仝上		5012
住居	仝上		
最近刑 罪名	保安法違反	其他前科	檢擧
刑名刑期	年 5 月 日		
言渡官署	京城地方法院		
入所年月日	昭和 7 年 1 月 25 日		
出所年月日	昭和 7 年 7 月 23 日		
刑務所名	西大門 刑務所 支所		520
檢擧官署	道 警察署		

이정로 李鼎魯

1869년 12월
당시 나이 34세

본적 충청남도 온양군 읍내면 하리

1895년 안성 방면에서 의병을 일으켜 신돌석 부대와 합류하여 아산, 예산 청양 등지에서 잠행 활약을 하였다. 1906년 홍주성 공격시 민종식 의병대장의 휘하 돌격장 소모장으로 활약하여 금성 탈환에 유력하였으나 피체되어 1907년 7월 종신 유배형을 선고받고 9월 옥고 후 전남지도로 유배되어 1912년까지 정배생활을 하였다. 1913년 1월 황군 자금을 모금하다 1914년 피체되어 1916년까지 유배되었다.

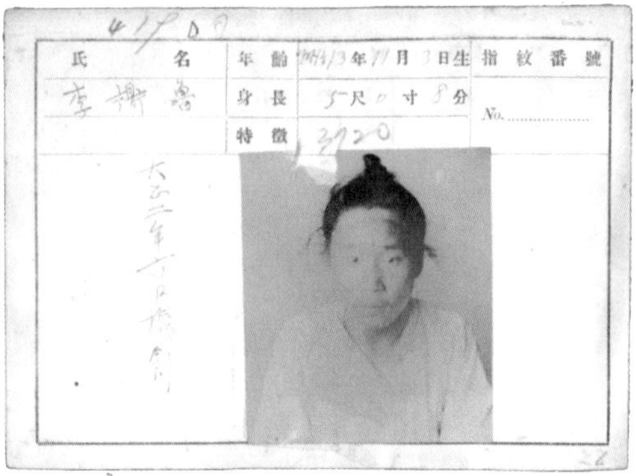
氏名
年齢 年 月 日生
身長 尺 寸 分
特徵
指紋番號
No.

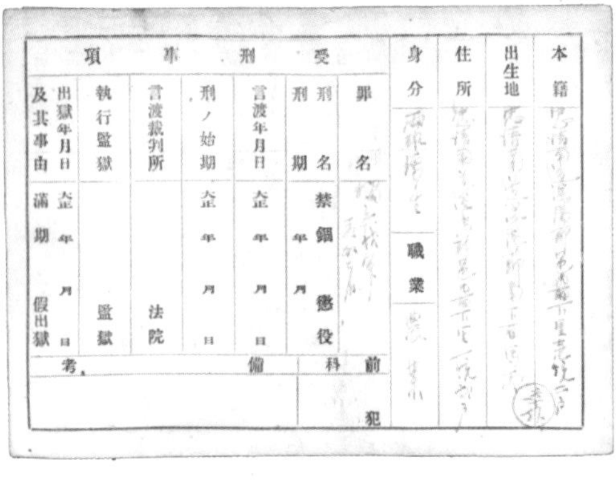
本籍
出生地
住所
身分
職業
受刑事項
罪名
刑名 刑期
言渡年月日
刑ノ始期
言渡裁判所
執行監獄
出獄年月日及其事由
滿期
假出獄
禁錮
懲役
監獄
法院
前科
備考
犯

장경업 張景業

1868년 12월
당시 나이 52세

본적 황해도 곡산군 화촌면 운암리 **신분** 상민 **직업** 농업인

죄명 보안법 위반_ 1년 6월

황해도 곡산군에서 독립만세운동을 주도하다가 체포되었다.

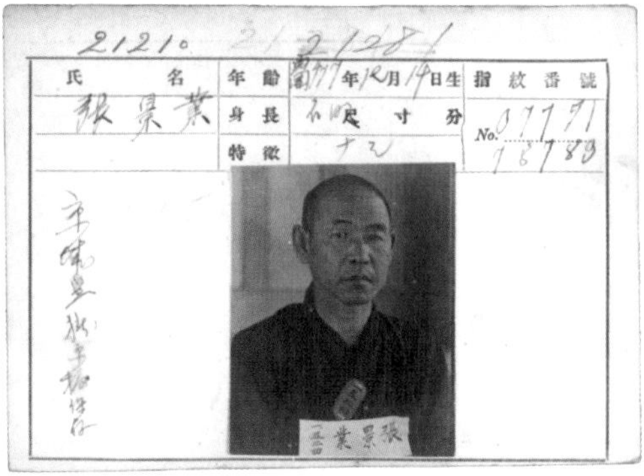
21210.
氏名 張景業
年齡 年 月 日生
身長 尺 寸 分
特徵
指紋番號 No.

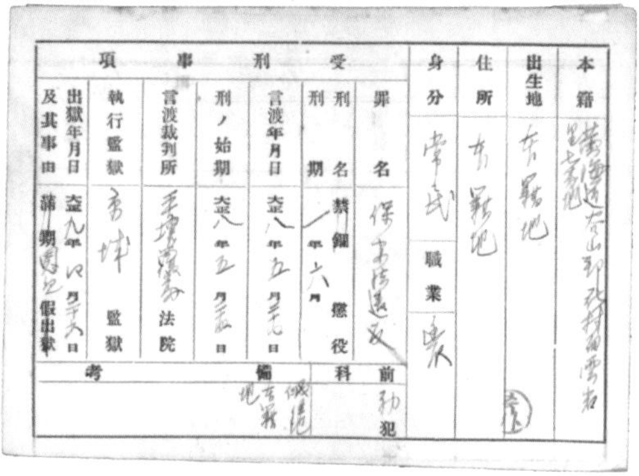
受刑事項
罪名 保安法違反
刑名 禁錮
刑期 年 月
言渡年月日 年 月 日
刑ノ始期 年 月 日
言渡裁判所 法院
執行監獄 監獄
出獄年月日 年 月 日
及其事由 滿期 假出獄
前科 初犯
備考
身分 常民
職業 農
住所
出生地
本籍

전현애 全賢愛

1896년 8월

본적 함경북도 성진군 학서면 차삼동 **직업** 농업인

죄명 치안유지법 위반_ 5년

1347号
14.6.12
西大門
金瓚変
昭和 14年 5月20日 京城刑務所 ニ於テ撮影 保存原板(11)第41002番

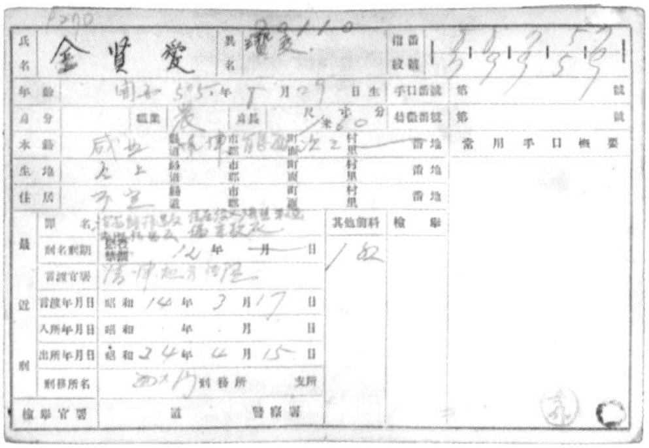
氏名 金賢愛
異名
指番紋號
年齢
手口番號
身分
職業
身長
特徵番號
本籍
常用手口概要
生地
住居
罪名
其他資料
檢擧
刑名刑期
言渡官署
言渡年月日 昭和 14年 3月17日
入所年月日 昭和 年 月 日
出所年月日 昭和 24年 6月15日
刑務所名 刑務所 支所
檢擧官署 道 警察署

정금동 丁金同

1898년 12월
당시 나이 22세

본적 경상북도 의성군 안평면 석탑동 **신분** 상민 **직업** 농업인

죄명 보안법 위반_ 8월

안평면 석탑동에서 여러 동지들과 시위 계획을 세우고 태극기를 만들어 기독교도를 중심으로 약 50명의 군중을 규합, 독립만세를 외치며 시위를 전개하다가 피체되었다.

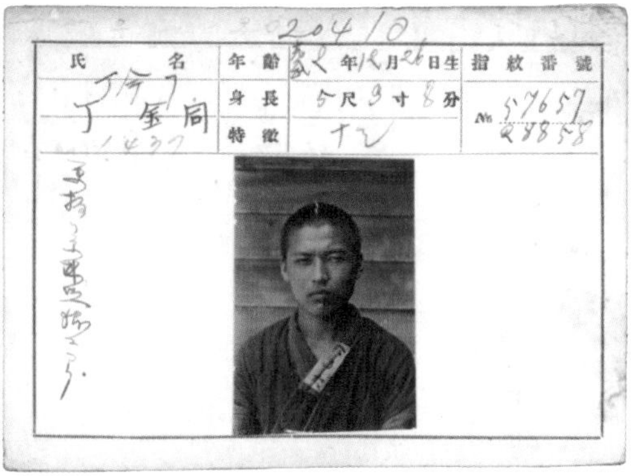

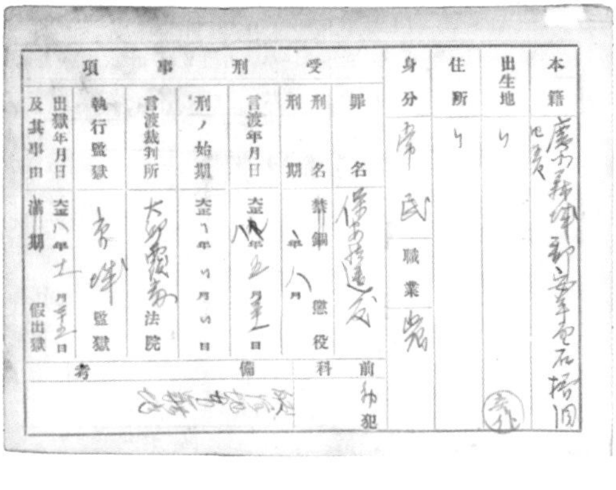

정영업 鄭永業

1898년 12월
당시 나이 22세

본적 평안남도 대동군 대동면 대평외리 **신분** 상민 **직업** 무직

죄명 보안법 위반_ 8월

평양부 숭덕학교 교정에서 있는 이태왕 봉도식에서 참가 선언서를 낭독하고 조선독립만세를 부르며 시가를 행진하였다.

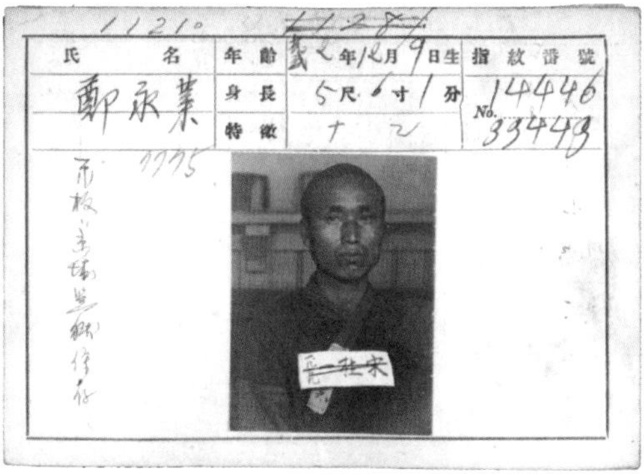

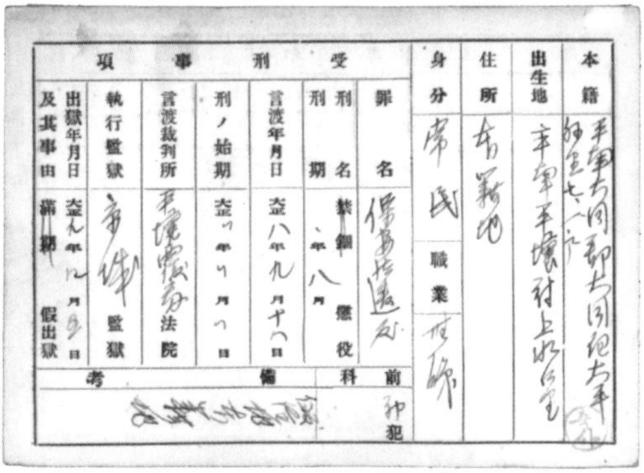

정운해 鄭雲海

1893년 9월
당시 나이 36세

본적 경상북도 대구부 서성정

죄명 치안유지법 위반_ 3년

김좌진 등과 함께 대한독립의군부 결성에 참가하여 선전 및 연락을 담당하여 활동하였다. 사회주의 사상 단체 북풍 회의 결성을 주도하여 집행위원으로 선출되어 활동하였다. 제1차 공산당 사건으로 인한 검거를 피해 국외로 탈출했다가 1927년 5월 간도에서 체포되었다.

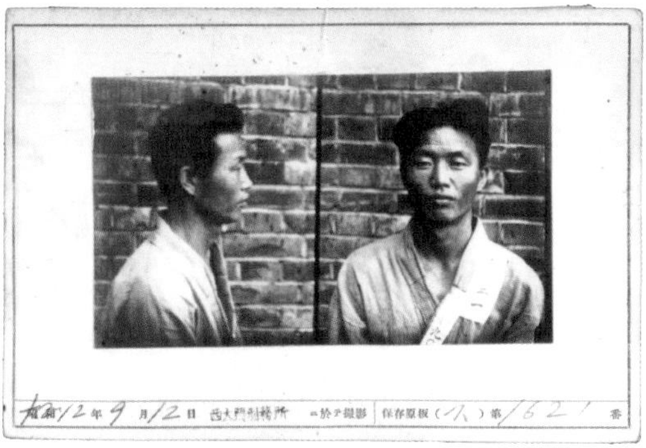

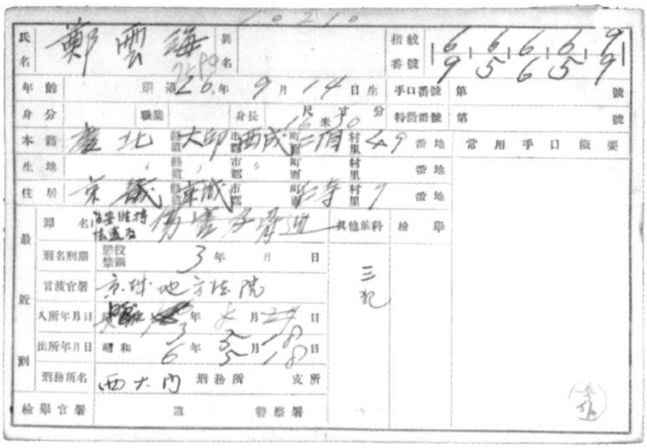

氏名 鄭雲海

年齡 明治26年9月14日生

指紋番號 16 16 16 16 19 / 9 5 6 5 9

罪名 治安維持法違反

刑名刑期 懲役 3年

言渡官署 京城地方法院

出所年月日 昭和6年5月18日

刑務所名 西大門刑務所

최장범 崔長凡

1910년 2월
당시 나이 23세

본적 함경북도 경성군 주남면 소요동 **신분** 상민 **직업** 농업인

죄명 치안유지법 위반_ 5년

사립 동면보통학교에 침입하여 등사판 및 부속품을 절취한 후 송림에 은닉, 기장하였다.

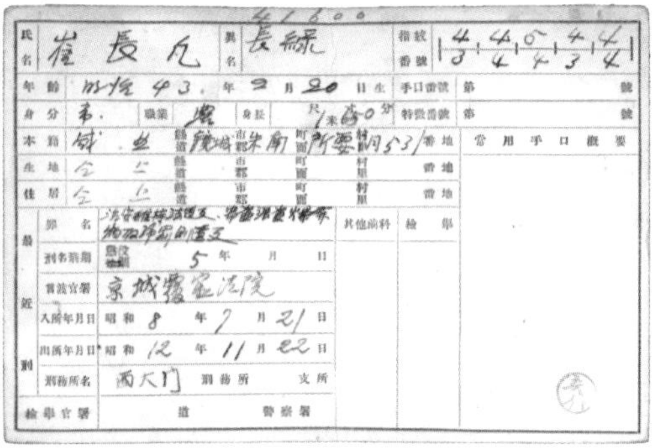

제 4 장

‘의지’, 평범할 수 없었던 시간

巴里委員部 1920. 11.

주한 파리위원부_프랑스 자유한국, 제1권 제7호 중에서

한국은 정의를 기다린다

한국은 순수하고 분명히 구분되는 단일 민족으로 구성되어 다른 민족의 피는 전혀 섞이지 않은 상태이다. 지리적으로는 대륙의 가장자리에 위치하고 있다. 한국은 인구가 1,800만 명, 면적 25만㎢의 반도이다. 독특한 한국 문화의 시발점은 42세기 전으로 거슬러 올라간다.

1,800만 명이 사용하는 한국어는 주변 국가의 언어들인 만주어·중국어 혹은 일본어와 완전하게 구분되며 다르다. 한국어는 독특한 자모字母체계를 가지고 있으며 풍부한 문학적 전통을 자랑한다. 한국 문명과 문화는 뚜렷한 특징을 지닌 자산으로 극동 문명을 구성하는 요소이기도 하다. 42세기 동안 한국은 문명국이고, 독립국이며 1910년까지 주권국가였다. 42세기 동안 한국은 전적으로 한국 왕조로 계승되었다.

한국은 1910년까지 하나의 국가로서 세계 지도 위에 존속했다.

한국은 1876년 일본과 체결한 강화도 조약과 1882년 5월 22일 미국과 체결한 조약으로 인해 현대 국제 공동체에 편입하게 되었다. 한국은 항상 단일 주권국가이며 독립국가로서 인정받았으며 다음 조약들에 이 같은 사실이 명기되어 있다.

1876년 2월 26일 일본과 체결한 조약-1882년 5월 22일 미국과 체결한 조약-1883년 11월 26일 영국과 체결한 조약-1883년 11월 26일 독일과 체결한 조약-1884년 6월 26일 이탈리아와 체결한 조약-1886년 6월 4일 프랑스와 체결한 조약-1892년 6월 23일 오스트리아·헝가리제국과 체결한 조약-1899년 11월 9일 중국과 체결한 조약-1901년 3월 23일 벨기에와 체결한 조약-1902년 7월 15일 덴마크와 체결한 조약.

이렇듯 한국은 완전한 국제적 지위를 누려왔고 인정받았다. 한국은 위의 모든 조약들의 체결 당사국이었으며 국제 사회의 활동하는 일원이었다. 단지 기억을 환기시키기 위해 언급하고 지나가자면, 1895년 중국과 일본간 시모노세키 조약만 보더라도 한국의 주권과 독립성에 대해 명백하게 인정했다. 또 우리는 중국과 한국의 독립을 상호 인정하고 있는 1902년 제1차 영·일 동맹 조약과 지난 1904년 2월 23일 일본 스스로 한국의 독립을 인정한 것뿐 아니라 보장한 한일협정의 존재를 묵과하지 않을 것이다.

한국은 일본의 보호령이나 병합에 결코 동의하지 않았다. 일본은 러일 전쟁에서 승리한 후 무력으로 1905년 11월 17일 보호 조약을 강요했다. 이 조약은 일방적인 조약으로 서명되지도 않았고 이에 반대하는 대한제국 황제 이형(李형)은 계속 저항했고, 1905년 11월 25일 워싱턴에, 1906년 6월 22일 영국·벨기에·이탈리아·중국·독일·오스트리아-헝가리제국 그리고 헤이그 재판정에 호소했다. 뿐만 아니라 대한제국 황제는 이미 제3조의 내용이 불길한 전조를 보이고 있던 1905년 9월 27일 체결된 제2차 영·일동맹 조약이 체결되자마자 강력하게 항의했다.

일본은 한국의 애국자들 때문에 자신의 뜻을 관철할 수 없다는 사실을 깨닫고 또 한번 무력을 사용하였다. 일본은 1910년 8월 22일 단 한 명의 한국인, 백치에 정신박약이며 장애를 가진 이 황제(선임 황제의 아들)만 서명을 한 조약으로 한국을 병합시켰다. 이 황제는 일본이 꼭두각시처럼 행동하도록 강제로 즉위시켰기 때문에 결코 국민들을 대표하여 법적·정치적으로 조약에 서명을 할 수가 없는 사람이었다. 게다가 이 조약에는 내각의 부서가 빠져 있다.

한국은 모든 국제법과 국제적 관례를 위반하는 상황에서 국민들의 동의 없이 병합되었다. 일본은 그동안 한국이 여러 열강들과 체결한 모든 국제 조약을 스스로 백지화시키고 나중에 일방적으로 폐기했다. 그런데 국제법에는 이 같은 상황과 관련된 조항이 존재하지 않는 것인가? 우리가 알고 있기로는 국제법은 조약에서 제삼자와 무력 사용에 의한 이러한 교체를 인정하지 않는 것 아닌가?

우리는 지난 10년간 지속된 일본의 한국 지배에 대해서 언급하지 않겠다. 우리가 할 수 있는 것보다 세계의 반향이 이 상황을 더 잘 말해주고 있다. 일본은 후진적이고 시대에 뒤떨어진 방법과 불관용과 난폭함과 오만함으로 10년 만에 한국은 어느 때보다도 일본이라는 외부의 지배에 끔찍해하고 증오스럽게 느끼며 마음 속 결코 잊은 적이 없는 자유와 독립의 회복을 더 갈구한다. 1919년 3월 1일부터 한국은 외국 압제자에 대해 공공연하게 항거했다. 이에 대한 일본의 억압은 말로 표현할 수 없을 정도로 고약하게 야만적이었다. 한국은 현재 심한 박해로 신음하고 있다. 한국은 독립을 되돌려줄 수 있고 되돌려줘야 하는 국제 공동체의 과거 체약국들이 해방시켜 주기를 인내심을 갖고 기다리고 있다. 한국은 최고로 잔인한 고통을 넘어 최근에 잃어버리고 모든 희망이 담긴 자유의 회복을 국제연맹에서 되돌려받기를 인내심을 갖고 기다리고 있다.

작년 대표단이 세계의 운명이 한국 문제를 해결해 줄 것을 기대하며 평화회의에 왔다. 대표단은 정의가 실현될 국제연맹에 문의하라는 답변을 들었다. 믿음을 가지고 이제부터 한국은 국제연맹의 맑은 하늘에 새로운 자유의 별이 뜨기를 끈기 있게 기다릴 것이다.

출처: 국사편찬위원회, 『대한민국 임시정부 자료집 21』, 2005-2011.

경술국치
1910. 08. 29.

우리 민족은 수많은 외세의 침략에도 불구하고 슬기롭게 국난을 극복하면서 고유의 문화와 민족의 주권을 지켜왔다. 하지만 경술국치 후 피지배 민족이 되어 노예와 같은 생활을 하게 되었다. 우리 민족은 식민 지배를 당하는 동안 문화적으로는 글을 말살당했고, 일본은 글을 모르는 농민들이 신고하지 못해 방치된 토지를 빼앗았다. 심지어 조선 곳곳에 세운 신토의 신사에 조선 백성이 참배하도록 강요당했다. 1910년 8월 29일은 우리 민족의 치욕스러운 날은 맞지만, 이제는 이것 또한 우리 역사의 한 부분으로 받아들여야 할 것이다.

정치범으로 처형된 조선인.

일본은 조선인 10여 명을

공개적으로

교수형에 처하는 모습을

사진엽서로 제작해

판매했다.

놋수저까지 빼앗기다

조선의 땅에서 전쟁을 벌이면서 일본은 전투 병력 동원이라는 지원병 제도로 청·장년들을 전시 노동자로 착취했고 사할린, 홋카이도, 남양군도 등지의 탄광·철도 공사장에 강제로 끌고 가 노예처럼 혹사시켰다. 공사가 끝난 뒤에는 군사기밀을 빌미로 무더기 학살을 자행했다. 특히 여자 정신 근로령을 제정하여 12세 이상 40세까지의 여성들을 군수 공장과 일본군 '위안부'로 강제로 끌고 갔다. 일본은 침략에 속도를 내면서 우리 문화와 민족성을 말살시켜 일본인으로 만들기 위한 민족말살정책을 취했다. 그리고 1936년 '조선사상범 관찰령'을 만들어 치안유지법 위반자 중 전향을 하지 않은 조선인들을 사상범이라 부르며 일거수일투족을 파악하고 감시하였다.

1912년 토지조사사업의 일환으로 기한부 신고제를 시행한 일본은 농민들의 토지, 소유권이 분명하지 않은 토지, 왕실의 토지 등을 수탈해 동양척식주식회사(식민지 수탈기관)에 넘겨 일본 이민자들에게 싼 값에 팔았다. 전쟁에 사용되는 송탄유를 만들기 위해 소나무에서 송진을 마구잡이로 체취했고, 한반도 북부에서 자원이 고갈되자 태백산맥 일대에 산림철도를 설치해 약 5억㎥의 자원을 수탈했다. 또한 다이너마이트 및 해군의 화학용으로 사용되는 원료로 수산자원인 정어리를 대량으로 어획했다. 왜냐하면 경화유 분해 과정에서 생성되는 글리세린이 바로 화약의 원료가 되기 때문이었다. 산미증식계획은 일본의 식량문제를 안정적으로 해결하기 위한 식량공급기지로 조선의 쌀을 수탈했고, 부족한 전쟁물자를 채우기 위해 농기구, 식기, 교회나 사찰의 종, 심지어 요강까지 빼앗아 갔다.

L'Illustration 1904. 04. 23.

릴리스트라시옹_프랑스 pp. 262-263.

한국에 온 일본군

일본 군인과 한국인 짐꾼.
서울, 즉석 사진기로 촬영한 극동전쟁(러일전쟁) 장면.
국립중앙박물관 역사자료총서 17, 『19세기 말-20세기 초 서양인이 본 한국』, 2017, pp. 208-211.

"일본에도 기후가 혹독한 곳이 있지만,
매서운 추위에는 익숙하지 않은지
대체로 사람들의 몰골이 흉하고,
마치 추운 기운에 눌린 듯 추위에 떨며
구부정한 자세로 있다.
대부분이 발에 동상이 걸렸다는 얘기도 있다.
모두 지독한 고통 속에서 힘들어하는 모습이다."

구로키 육군대장이 지휘하고 있는 일본 제1군은 근위사단과 제2, 제12사단과 함께 15시간 만에 압록강 주변에 배치를 마쳤다. 그리고 일본군은 정찰병을 선두로 다시 의주를 향해 전진하기 시작하였다. 한국 땅을 가로지르는 긴 행군이 일본군에게는 고행임을 생각하면 이런 대규모 군대가 이렇게 빨리 배치를 마친 것은 인상적이다.

몇 주 전까지만 해도 온 나라가 눈으로 뒤덮여 있었다. 한국에서 최신 우편으로 도착한(1904년) 3월 중순 사진을 보면 이중으로 된 두꺼운 외투 속에 몸을 파묻은 일본군들이 하나둘씩 목에 새하얀 양털을 두르고 있다. 다리에는 길고 흰 헝겊을 덧대었는데 두껍게 쌓인 눈을 밟고 지나온 것으로 보인다. 정찰병들도 말 등에 업힌 채 얼어붙은 풍경 속을 어렵사리 헤쳐 간다.

일본에도 기후가 혹독한 곳이 있지만, 매서운 추위에는 익숙하지 않은지 대체로 사람들의 몰골이 흉하고, 마치 찬 기운에 눌린 듯 추위에 떨며 구부정한 자세로 있다. 대부분이 발에 동상이 걸렸다는 얘기도 있다. 모두 지독한 고통 속에서 힘들어하는 모습이다.

이들에겐 지금이 가장 어려운 전시(戰時) 상황이다. 다음에 취해야 할 행동이 무엇인지 모른 채, 즉각적인 결과도 기대할 수 없는 상황에서 전쟁에 따른 온갖 어려움과 피로를 견뎌내야 한다. 상사들이 지켜보는 가운데 자신처럼 흥분 상태에 놓인 전우들에게 둘러싸여 용감무쌍하게 목숨을 걸고, 승리를 거두어 내일의 시련을 버텨낼 위대한 전투가 필요하다. 다시 한 번 이길 수 있다는 희망과 자신의 노력에 대한 의미가 필요하다. 하지만 긴 시간 동안 보상도 없이 알 수 없는 목적지를 향해 행군하는 것은 여간 힘든 일이 아니다.

특히 일본인은 대체로 체력이 약한 민족이기에 더욱 그러하다. 그들이 아무리 강한 에너지를 가지고 있다고 하더라도 정신력과 지구력이 힘에 부친다. 더욱이 대부분은 무거운 무기와 무기 사용에 필요한 거추장스러운 짐, 야영 장비를 직접 들지 못한다. 어떤 면에서 일본군은 마치 옛 용병 부대를 떠올리게 한다. 전사 한 명당 최소한 한 명의 종이 수발을 들면서 무기와 식량, 전리품을 대신 들어주었다. 전투 부대 인원수만큼 많은 하인과 짐꾼 부대가 진군하는 각 부대를 따라다녔다.

한국을 점령할 때, 일본군들은 필요에 의해 일부 짐꾼도 함께 데려왔다. 사진을 보면 제물포항에서 거룻배를 이용해 막사와 병사(兵舍)를 세우는 데 필요한 자재를 하역하고 있다. 사진 속의 어떤 이들은 일전에도 소개한 적이 있는 말린 지푸라기 케이프(도롱이)를 어깨에 걸치고 두건을 두르고 있는데, 일본에서 비를 피할 때 흔히 입는 전통 복장이다.

하지만 유입된 인력만으로는 턱없이 부족할 것이다. 특히 어느 시점에 가서는 전투 인력도 부족해질 것이기 때문에 더욱 그러하다. 따라서 친절한 일본인들은 짐승들이 할 일을 대신할 인력으로 일본인보다 건장한, 동맹국이면서 이웃 나라인 한국의 장정들을 적극 징용하였다.

평화롭고 완만하게 그리고 태평하게 살고 있던 한국인들로서는 가련한 일이 아닐 수 없다. 충분히 행복하게 살면서, 미래의 영웅을 모시며 영광을 누려보겠다는 생각조차 못했을 가여운 한국인들은 이미 일본에게 점령당했다고 여겨지는 조국에서 노새가 들 무거운 짐을 짊어진 채 고통 받아야 하였다.

반면 한국인들의 새 주인은 이들을 조롱하고 재미난 장난을 칠 생각에 만족해하며 가볍게 팔을 흔들거나 주머니에 손을 꽂은 채 걸어간다. 일본의 전보에서는 일본군이 한국인에게 큰 호의를 베푼다고 주장하지만, 다가오는 침략자의 모습에 농민들이 자신의 오두막집을 버려가면서까지 그들을 피하려고 하는 것은 어쩌면 당연한 일이다.

일본인들은 말을 보유하고는 있지만 그 수가 매우 제한적이다. 그나마 있는 말도 대륙에 도착할 땐 상태가 그리 좋지 않다. 여기 전위 부대와 합류하기 위해 제물포에서 한국의 북쪽 지역으로 길을 떠날 채비를 하는 공병과 갱도병 무리가 보인다. 거추장스럽고 무거운 공병 장비와 토목용 굴착기, 곡괭이, 기타 도구들을 나르려면 반드시 말이 필요하다. 사진에서 보는 것처럼 기수의 키에 딱 맞게 줄어든 듯한, 풍성한 갈기와 털을 가진 동물들이 동원되었다.

대포 한 대를 끄는 데만 해도 말 6필이 필요하다. 하지만 말들은 쉽게 지치고 길도 험해서 전진하는 속도는 더욱 더 느려질 수밖에 없다. 일본군의 기마대와 포병대를 가까이서 본 사람은 불쌍한 짐승들이 험난한 환경과 긴 군사 작전에 버티지 못하고

5개월 뒷면 모두 전멸할 것이라고 말한다.

어찌 되었든 그들은 계속 앞으로 나아간다. 매주, 매일, 한국의 해안에는 새로 할당받은 병력과 대포, 장비와 식량이 조달된다. 야영지를 세우고 병사를 짓기도 한다. 곳곳에 야전병원이 설치되고 울타리 내에 지붕이 눈으로 뒤덮인 막사가 세워진다. 입구에는 커다란 깃발의 흰 배경 위에 붉은 십자가가 휘날린다. 밤에는 천막 사이로 일본의 상징인 붉은 해가 빛나는 흰 조명이 흔들거리며 보초병이 지키고 서 있는 입구의 위치를 가리킨다. 일본인들은 마치 자기 집인 양 한국에서 지내며 이제는 어떤 상황에도 대비를 마친 상태이다.

전쟁과 휴머니즘

청일전쟁 때 일본군에게 잡힌 680여 명 중에서 조선인 12명이 포로로 잡혔다. 포로가 된 후 저항하다 살해당했고, 도망치다 칼로 목이 베어 죽기도 했다. 일본군은 전쟁 기간 동안 조선인들까지 전시에 적용되는 군법을 적용하여 처벌을 내렸다. 한 조선인은 모포 30여 장과 신발 330족을 절취한 댓가로 참형이 내려졌다. 이것은 일본 내에서 살인죄에 해당하는 형벌로 1879년 소멸된 법을 적용한 것이다.

그러나 처참한 전쟁 중에도 우리의 휴머니즘은 살아있었다. 경복궁이 일본군에게 점령된 상황에서도 충청관찰사는 전사한 청국군과 일본군 모두에 예의를 갖춰 장례를 치르라 당부했다. 사망한 군인의 해골이 드러난 시체를 조사하고 청국군과 일본군의 무덤을 따로 만들어 섞이는 일이 없도록 무덤 옆에 단을 설치해 표를 세웠다. 한반도 땅에서 벌어진 남의 전쟁이었지만 조선의 방식대로 그들을 대했다.

국채보상운동
1907. 02.-1908. 07.

일본은 을사늑약 이후에 조선 경제를 파탄시켜 일본 경제에 예속시키기 위한 목적으로, 한국에 높은 이자의 대규모 차관을 강요하였다. 1905년 한 해에만 일본으로부터 650여 만원의 차관이 도입되었고, 1907년 2월까지 대한제국이 일본으로부터 짊어진 외채는 모두 1,300만 원에 달했는데 이는 대한제국의 1년 예산에 해당되는 거액이었다. 빚에 허덕이는 나라를 두고 볼 수 없었던 백성들은 들고 일어났다. 1907년 2월 중순 대구의 광문사(廣文社) 사장 김광제(金光濟)와 부사장 서상돈(徐相敦)은 단연(斷煙)을 통하여 국채를 갚아 나가자는 국채보상운동을 제창하였다. 이렇게 해서 시작된 국채보상운동은 신분, 성별, 직업, 지역을 초월한 거족적 민족운동이었다. 국채보상운동에 대한 첫 반향은 여성계에서 가장 신속하게 나타났다. 신문에 국채보상 취지서가 게재되자 여성들은 즉각 개인적으로 참여하였다. 일찍이 남편을 잃고 두 아들을 혼자 키운 한 여인은 서울 친정에 왔다가 「제국신문」을 보고 여

자도 또한 대한 국민의 한 사람이라며 한화 20원을 제국신문사로 보냈다. 2월 24일에는 대구시장의 짚신장사, 채소장사, 술장사, 떡장사 등의 행상을 하는 시골 할머니들이 앞다투어 50-60전 내지 1, 2원을 의연하였다.

국채보상운동에서 모금된 의연금 액수를 살펴보면 운동이 시작된 지 1년 3개월이 지난 1908년 4월 30일, 「대한매일신보」와 국채보상지원금 총합소에서 수합한 의연금 총액이 14만 3천5백42원 33전이었으며 주한 일본 헌병대가 그 후 3개월이 지난 7월 27일 집계한 의연금 총액은 18만 7천8백42원 78전 5리에 달하였다. 그러나 국채보상을 위한 의연금 갹출운동이 전국적으로 전개되자 일본 통감부는 이를 일종의 배일운동으로 단정하여, 온갖 모략으로 방해하고 간교한 탄압을 자행하였다. 그리하여 국채보상운동은 더 이상 진전되지 못하고 좌절되고 말았다.

731부대

일본어로 '마루타'는 통나무라는 뜻이다.

청일전쟁을 일으키고 세계를 정복하려 했던 일본은 국왕의 칙령을 받아 731부대를 창설했다. 731부대의 제1대 부대장 '이시이 시로'는 살아 있는 사람을 실험 대상으로 삼는 잔혹한 만행을 저질렀다. 마취도 하지 않고 인체를 해부해 내장을 꺼낸 후 표본을 만들고, 동상을 연구하기 위해 영하 50도의 날씨에 사지를 얼게 한 후 동상 부위에 뜨거운 물을 부어서 피부가 갈라지는 실험을 했다. 또한 페스트균을 주입해서 독성이 감염되는 실험, 두개골을 열고 뇌를 바늘로 찔러 인체가 어떤 반응을 하는지 보는 실험, 사람과 말의 피를 서로 수혈해 보는 실험 등 인간이라면 감히 상상조차 하기 힘든 것을 실험이라는 명목하에 자행했다. 1939년부터 1945년까지 5년여 동안 조선, 중국, 몽골, 러시아, 미국 등 3,000여 명을 산 채로 생체실험을 한 것이다. 남녀노소를 불문하고 임산부와 3살 어린아이까지도 실험도구였다. 또한 헌병대와 731부대가 증거인멸을 위해 불태운 문서 잔해 속에서 찾은 한국인 희생자 6명 외에 새롭게 신원이 밝혀진 2명은 항일투쟁을 했던 독립투사였다.

강달영 姜達永

1888년 12월
당시 나이 32세

본적 경상남도 진주부 진주읍 비봉리

죄명 치안유지법 위반_ 6년

순종의 인산을 기하여 6·10만세운동을 은밀히 주동적으로 진행하다가 계획이 탄로되어 제2차 조선공산당은 와해되었다. 1926년 7월, 서울 명동에서 아이스크림, 바나나 장사꾼으로 변장하고 다니다가 체포되어 일본 경찰의 가혹한 고문을 수차례 받았고, 고문을 못 이겨 4차례나 자살을 기도했다가 끝내 정신병에 시달리다 사망하였다.

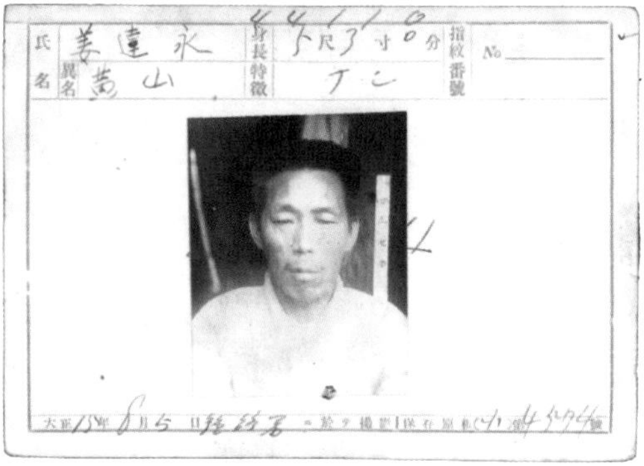

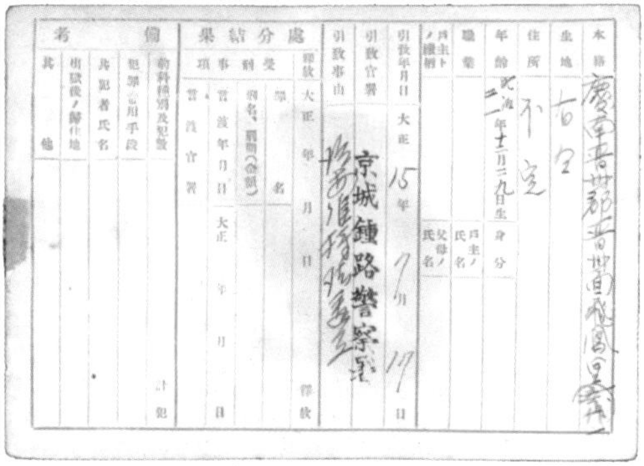

강덕근 康德根

1885년 12월
당시 나이 35세

본적 황해도 곡산군 운중면 임계리 **신분** 상민 **직업** 농업인

죄명 보안법위반 징역_ 1년 6월

곡산군에서 '조선독립기'를 앞세우고 '대한독립만세'를 외치며 송항리에서 읍내를 향해 행진하던 중 일본 헌병대에게 체포되었다. 이후 그의 삶에 대해서는 알려진 바 없다.

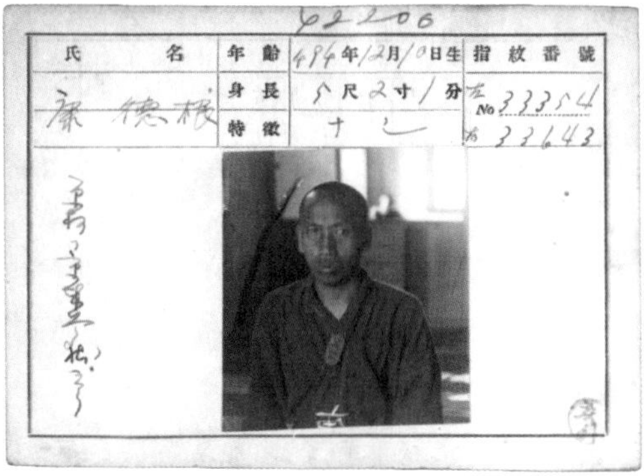

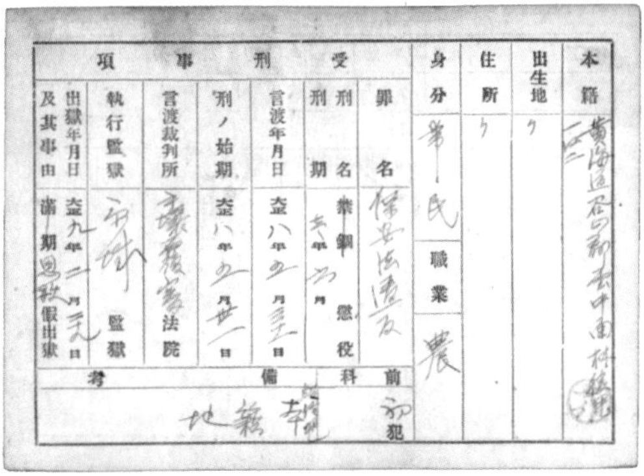

강병도 姜炳度

1908년 7월
당시 나이 26세

본적 경상남도 진주부 대곡면 설매리 **신분** 상민 **직업** 학생

죄명 보안법, 치안유지법 위반_ 2년

조선공산당 경기도당 제5 야체이카 소속으로 활동하던 중 1929년 일본 경찰에 체포되었다. 진주적색노동조합을 결성하여 공산 활동을 펼치던 중에도 일본 경찰에 체포되었다.

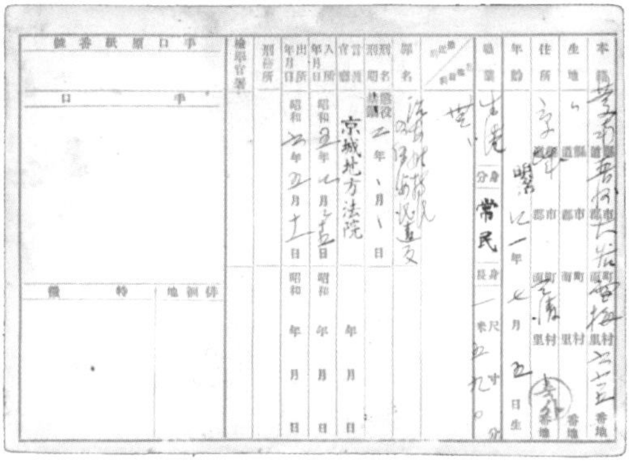

강상욱 姜尙郁

1901년 2월

본적 함경남도 함주군 홍남읍 천기리 **신분** 상민 **직업** 무직

죄명 치안유지법 위반

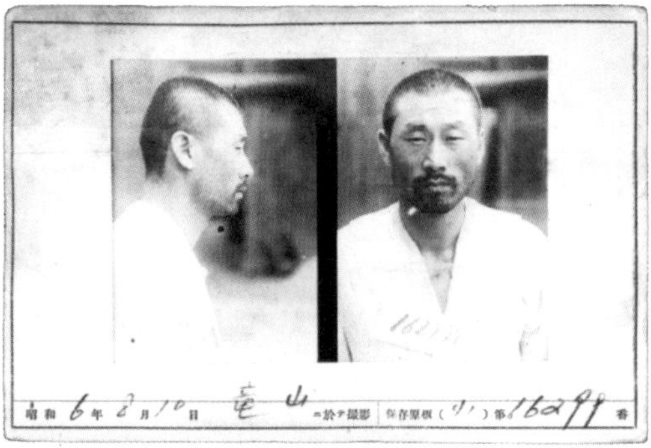

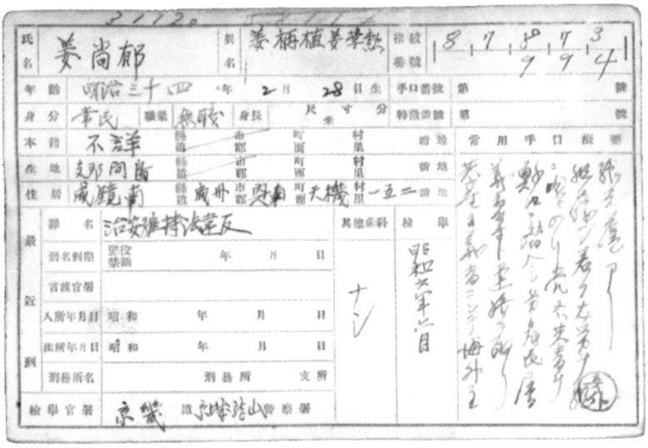

氏名	姜尚郁	別名	姜柄植 姜華欽	指紋番號	8 7 8 7 3 / 7 9 4
年齡	明治三十四年 2月 28日生			手口番號	第 號
身分	常民	職業	無職	身長 尺 寸 分	特徴番號 第 號
本籍	不詳				
出生地	支那間島				
住居	咸鏡南道 咸州郡 興南面 天機里 一五二番地				
罪名	治安維持法違反			其他資料	檢擧
刑名刑期	懲役 禁錮 年 月 日			ナシ	昭和六年六月
言渡官廳					
入所年月日	昭和 年 月 日				
出所年月日	昭和 年 月 日				
刑務所名	刑務所 支所				
檢擧官署	京畿道 京城龍山警察署				

강열모 姜烈模

1909년 3월

본적 함경남도 홍원군 평포면 내물리 **직업** 농업인

죄명 치안유지법 위반

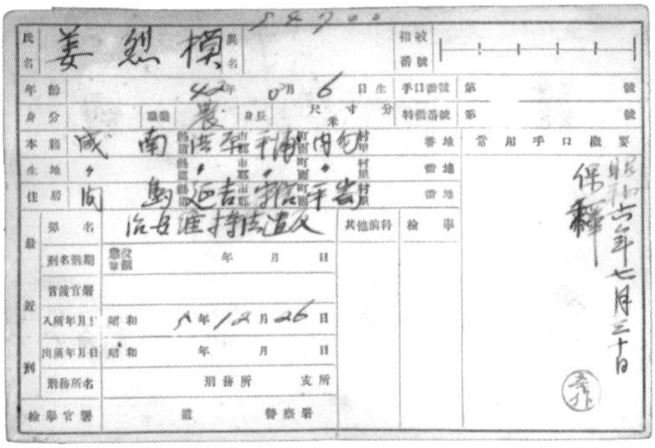
氏名 姜烈模 異名
指紋番號
年齡 42年 0月 6日生 手口番號 第 號
身分 職業 農 身長 尺 寸 分 特徴番號 第 號
本籍 咸南 道 郡 面 里 番地 常用手口摘要
生地 〃
住居 同 番地
罪名 治安維持法違反 其他前科 檢事
刑名刑期 懲役 禁錮 年 月 日
言渡官署
入所年月日 昭和 八年12月26日
出所年月日 昭和 年 月 日
刑務所名 刑務所 支所
檢擧官署 道 警察署
保釋 昭和六年七月三十日

강완주 姜完珠

1892년 1월
당시 나이 24세

본적 경기도 양주군 진접면 부평리 **신분** 평민 **직업** 승려

죄명 출판법, 보안법 위반_ 8월

부평리 봉선사에서 독립만세운동을 계획하고 비밀리에 선언문을 만들어 이것을 각 민가에 배포하는 등 활동하다가 피체되었다.

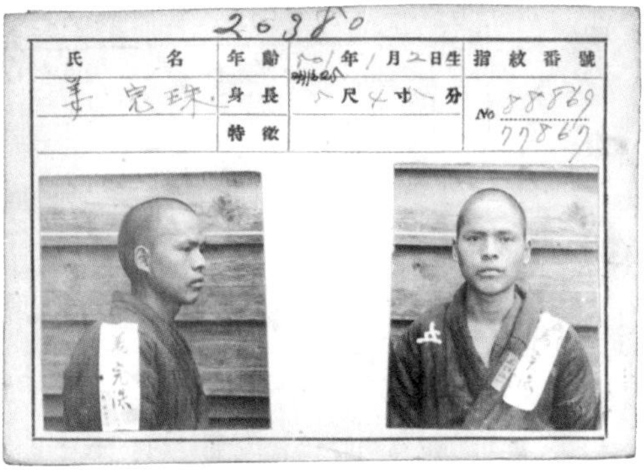

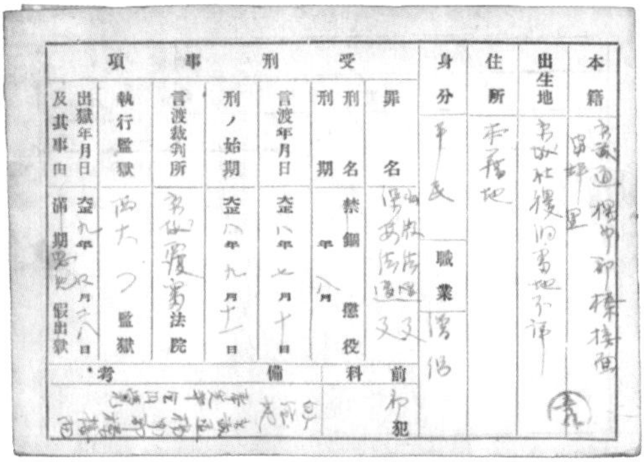

강용석 姜龍錫

1898년 7월
당시 나이 22세

본적 경상북도 상주군 상주읍 인봉리 **신분** 상민 **직업** 무직

죄명 보안법 위반_ 1년 2월

상주 장날을 기하여 500여 명의 군중과 함께 독립만세를 고창하며 운동을 하다 피체되었다.

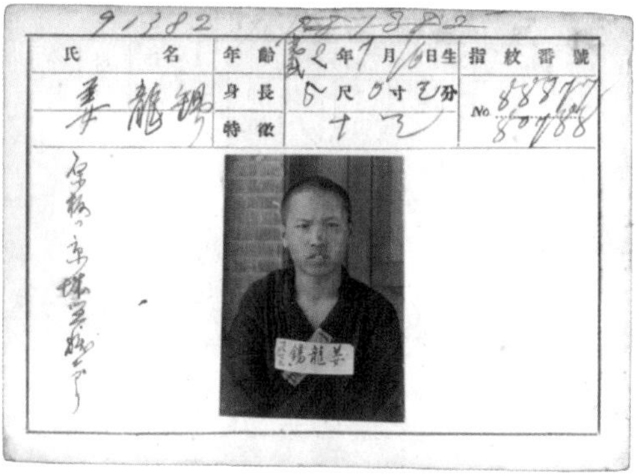

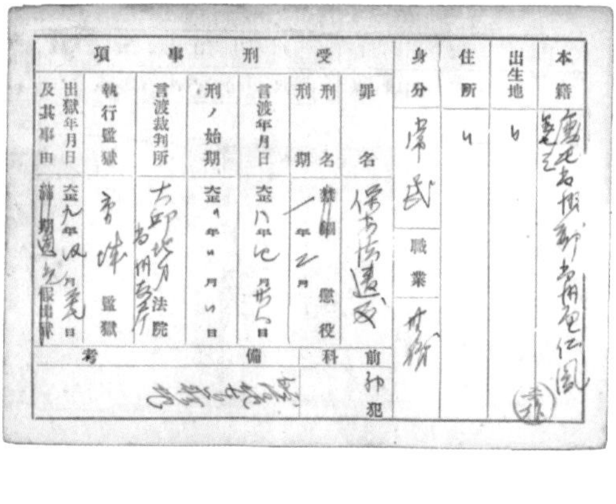

강주상 姜周尙

1903년 3월

본적 강원도 김화군 임남면 봉기리 **신분** 상민 **직업** 농업인

죄명 치안유지법 위반_ 1년 3월

氏名
異名
No.
14634

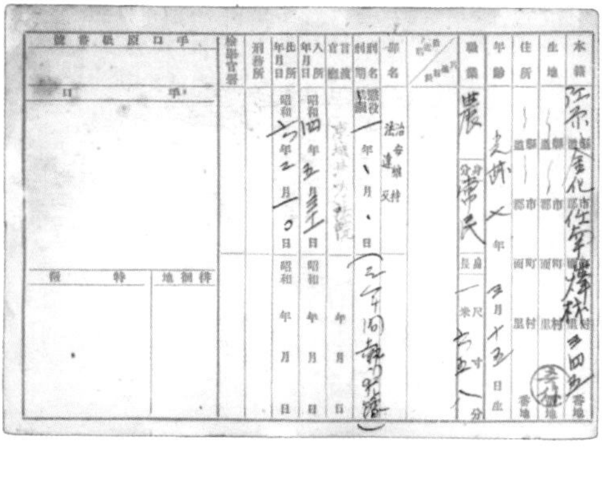

本籍
出生地
住所
年齡
職業
罪名
刑名刑期
言渡官廳
入所年月日
出所年月日
消滅事由
檢擧官署
手口原紙番號

곽효술 郭孝術

1901년 3월

본적 전라북도 전주부 화원정 석불리 **신분** 상민 **직업** 사진기사

죄명 치안유지법 위반

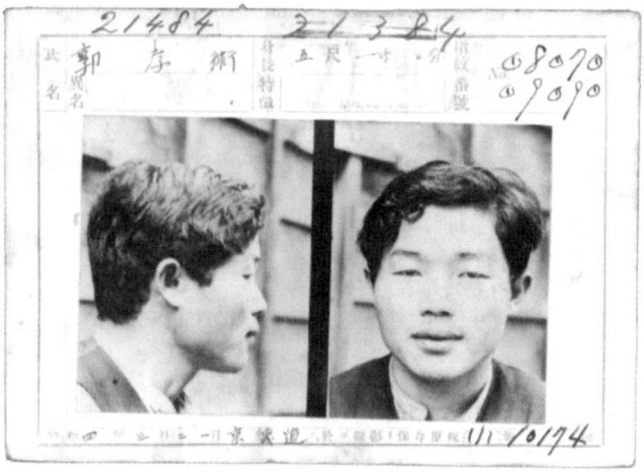

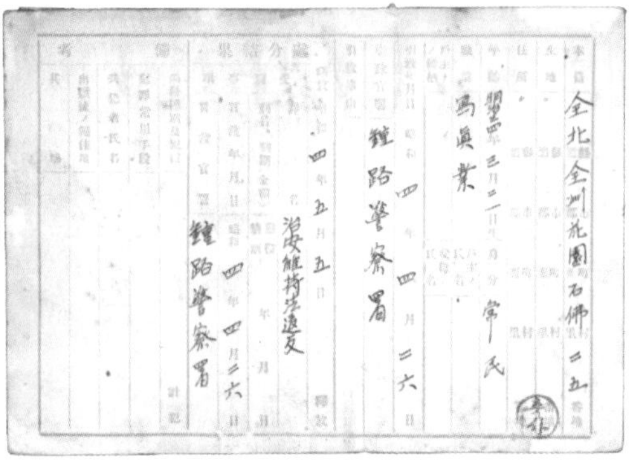

권병덕 權秉悳

1868년 4월
당시 나이 53세

본적 충청북도 청주

조선의 독립을 위하여 규합하였다. 독립선언서를 비밀리에 제작, 인쇄하여 이를 조선 전체에 배부하여 민중을 선동하고, 미국 대통령 윌슨에게 조선독립청원서를 송부하는 일 등을 모의 실행하였으며, 선언서를 비밀리에 작성, 배부 하고 선언식을 거행, 민중을 선동하여 독립만세를 고창하였다.

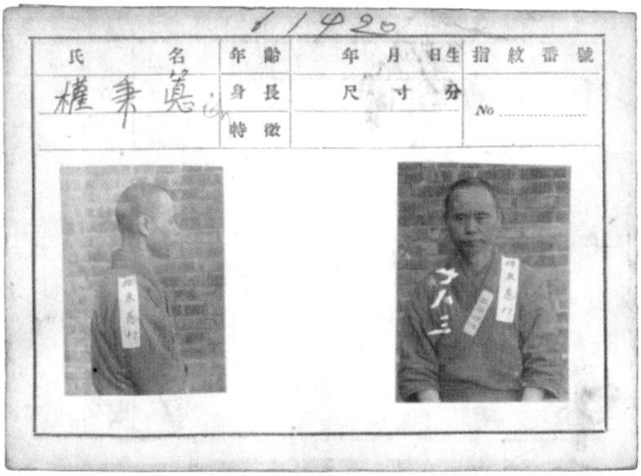

81420
氏名 權秉悳
年齡
年月日生
身長 尺寸分
特徵
指紋番號 No.

受刑事項
罪名
刑名 禁錮 懲役
刑期 年月
言渡年月日 大正 年月日
刑ノ始期 大正 年月日
言渡裁判所 法院
執行監獄 西大門監獄
出獄年月日 大正 年月日
及其事由 滿期 假出獄
前科
備考
身分
職業
住所
出生地
本籍

김두칠 金斗七

1895년 12월
당시 나이 25세

본적 평안북도 용천군 양광면 선화동 **신분** 상민 **직업** 교사

죄명 출판법, 보안법 위반_ 1년 2월

800여 군중과 함께 독립선언식을 거행한 후 1년 2개월 형을 선고받았다.

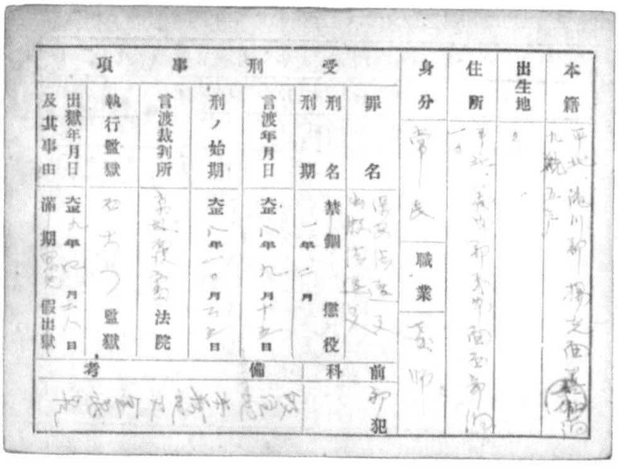

김준모 金俊模

1878년 11월
당시 나이 42세

본적 강원도 화천군 화천면 대이리 **신분** 평민 **직업** 천도교 구장

죄명 보안법 위반_10월

상주 장날을 기하여 500여 명의 군중과 함께 독립만세를 고창하며 운동을 하다 피체되었다.

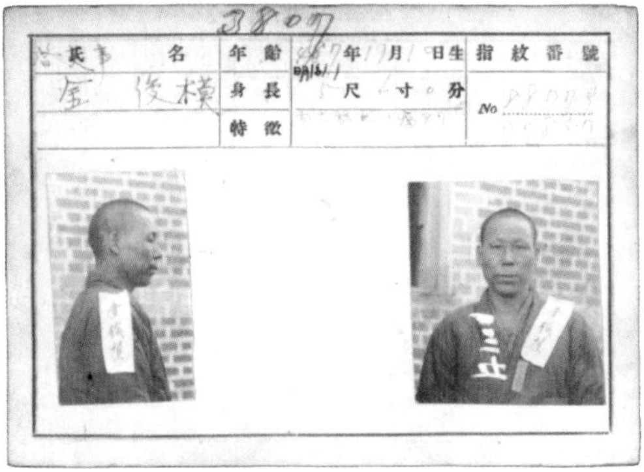

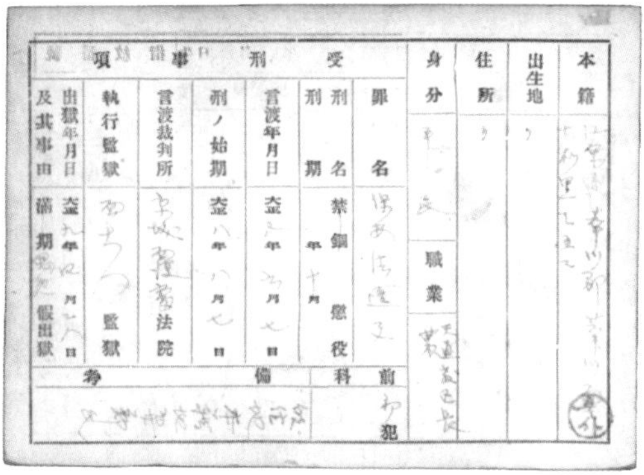

연도 미상

동창율 董昌律

본적 경기도 경성 입정

대동단원이 되어 단원 및 자금 모집에 앞장서 활약하였고, 동년 10월부터 11월에 거사한 이강공의 상해 망명을 결심하도록 주동 역할을 하였다가 체포되었다.

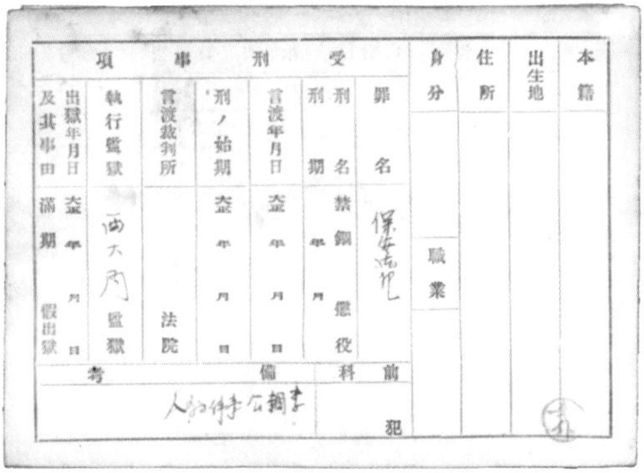

박양순 朴良順

1903년 4월
당시 나이 18세

본적 경기도 시흥군 북면 노량진리 **신분** 평민 **직업** 학생

죄명 보안법 위반 _ 6월

배화여학교 학생 수십 명은 치밀한 준비를 거쳐 당일 등교하자마자 일제히 학교 기숙사 뒤편 언덕과 교정에서 '조선독립만세'를 외치다 일본 경찰에 검거되었다.

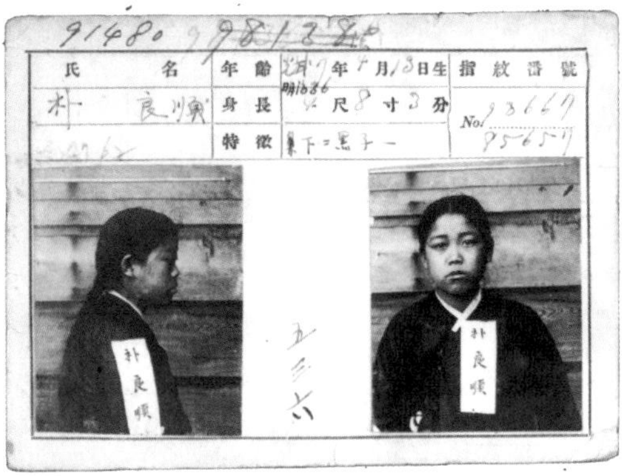

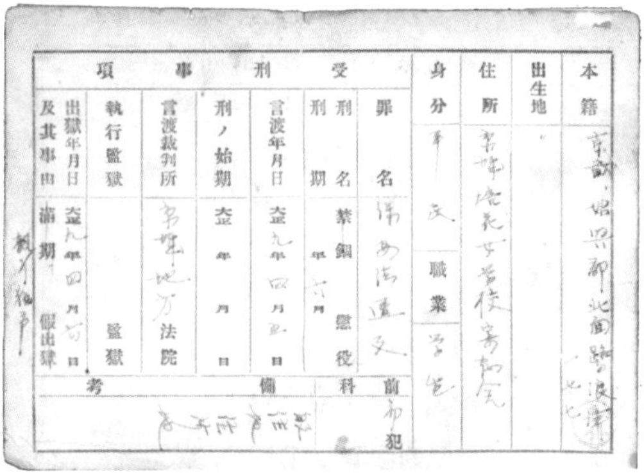

오흥순 吳興順

1901년 7월
당시 나이 20세

본적 충청남도 홍성군 광천면 옹암리 **신분** 평민 **직업** 학생

죄명 출판법, 보안법 위반_ 8월

파고다공원에서 국민 회보를 등사, 배포하여 독립선언의 취지를 알린 후 대한독립만세를 고창하며 시위 행진하였고, 독립선언서를 러시아영사관에 전달 후 피체되었다.

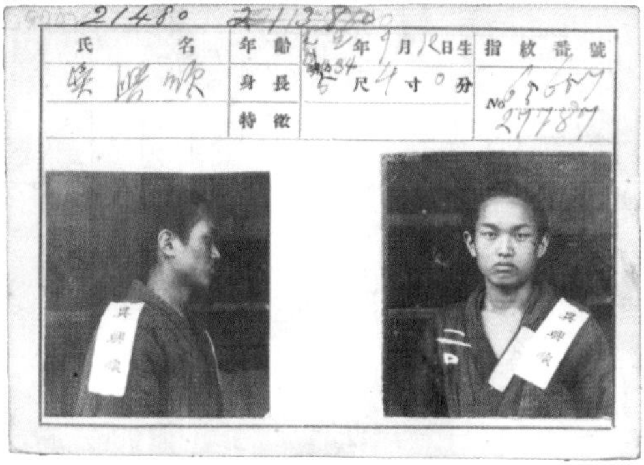

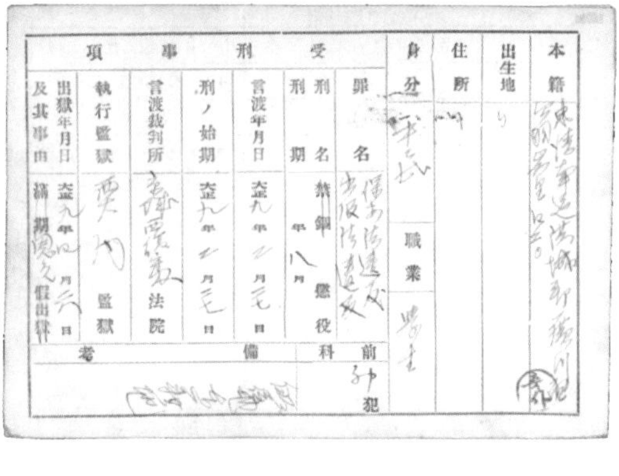

유관순 柳寬順

1902년 12월
당시 나이 18세

본적 충청남도 천안군 동면 용두리 **신분** 평민 **직업** 정동여학교 학생

죄명 보안법 위반_ 3년

교회와 학교로 순방하면서 만세운동에 참가할 것을 권고하고 각지의 교회와 유림계의 찬성을 얻어 3월 1일 병천에서 수천 명의 군중을 모아서 선창한 후 만세운동 주모자로 피체되어 악형으로 옥중에서 순사하였다.

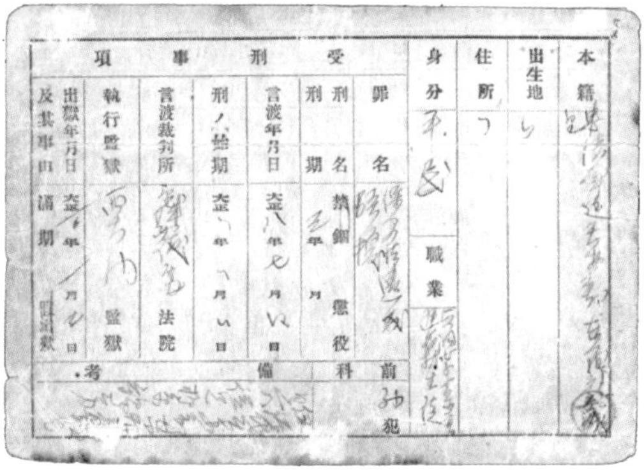

안치구 安致九

1914년 4월

본적 경상남도 함안군 대산면 서촌리 **신분** 상민 **직업** 학생

죄명 치안유지법

중앙고등보통학교에 다니던 1933년 2월 6일 권우성(權又成) 등과 반전을 촉구하는 격문을 뿌렸다가 일본 경찰에 체포되어 징역 1년 6월에 집행유예 3년을 받기까지 2개월 여의 옥고를 치렀으며 옥고로 인한 후유증으로 요절하였다.

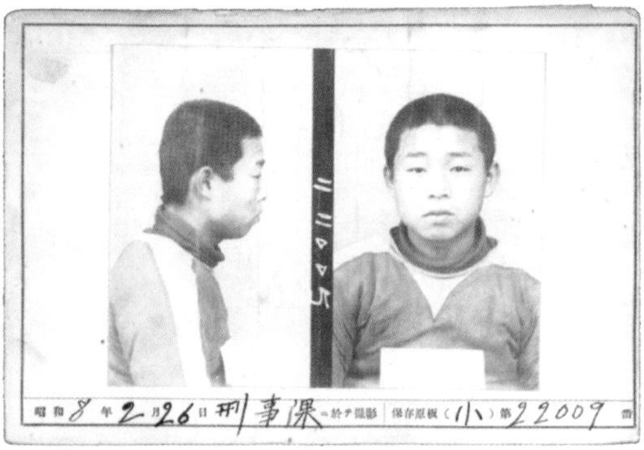

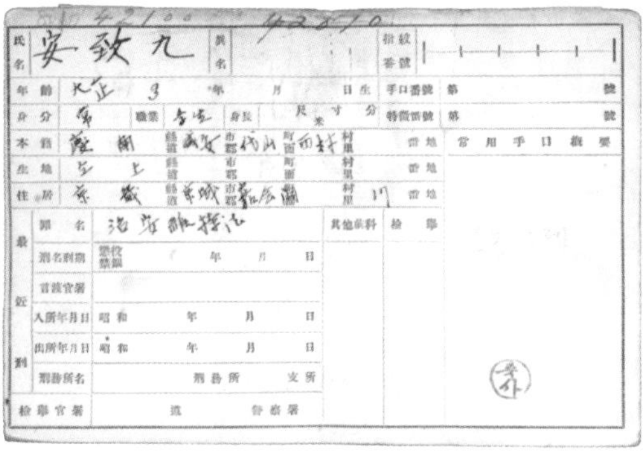

이명용 李明龍

죄명 보안법 위반

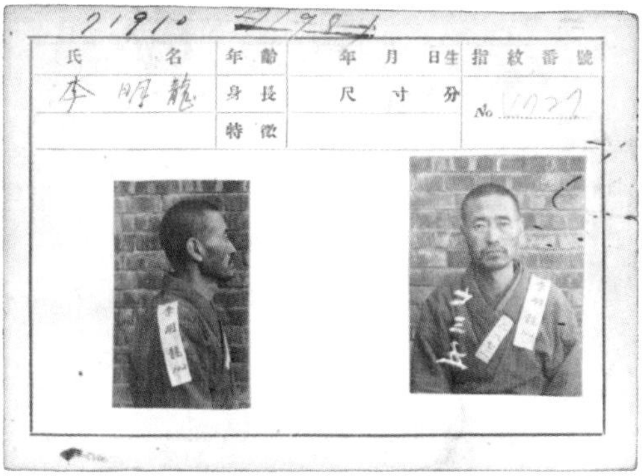

21910

氏名	年齡	年 月 日生	指紋番號
李明龍	身長	尺 寸 分	No 1727
	特徵		

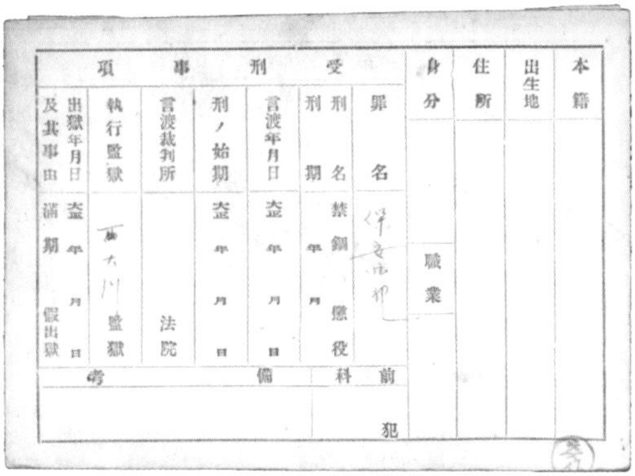

本籍	出生地	住所	身分	受刑事項							
			職業	罪名	刑名	刑期	言渡年月日	刑ノ始期	言渡裁判所	執行監獄	出獄年月日及其事由
				保安法	禁錮 懲役	年 月	大正 年 月 日	大正 年 月 日	法院	西大門監獄	大正 年 月 日 滿期 假出獄

前科

備考

이신도 李信道

1902년 2월
당시 나이 19세

본적 평안북도 강계군 강계면 동부동 **신분** 평민 **직업** 간호부

죄명 보안법 위반_ 6월

세브란스 병원 간호부 견습으로 재직 중 훈정동 종묘 앞 독립만세운동에 참가하여 20여 명의 군중과 함께 독립만세를 고창하며 활동하다 체포되었다.

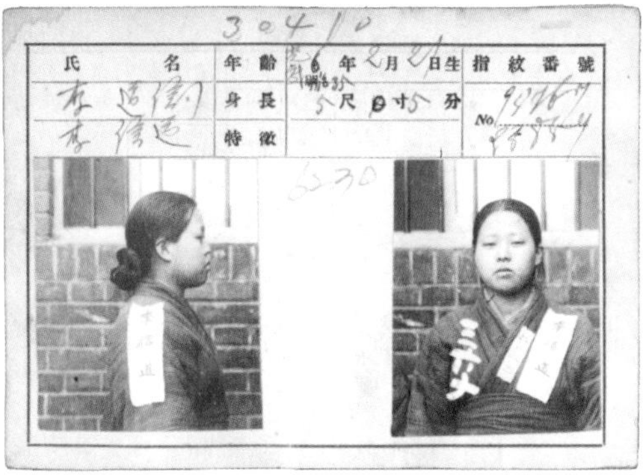

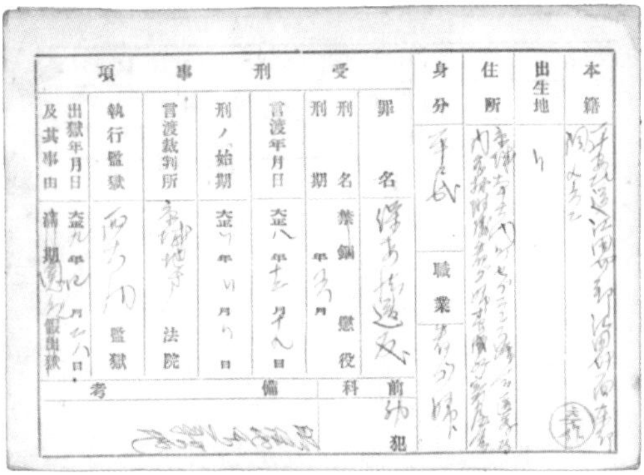

장식연 張湜連

1914년 4월

본적 충청남도 예산군 삽교면 가리 **신분** 상민 **직업** 생도

죄명 치안유지법 위반

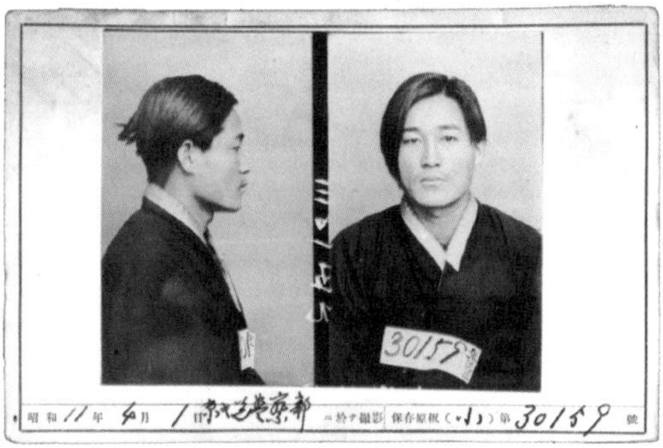

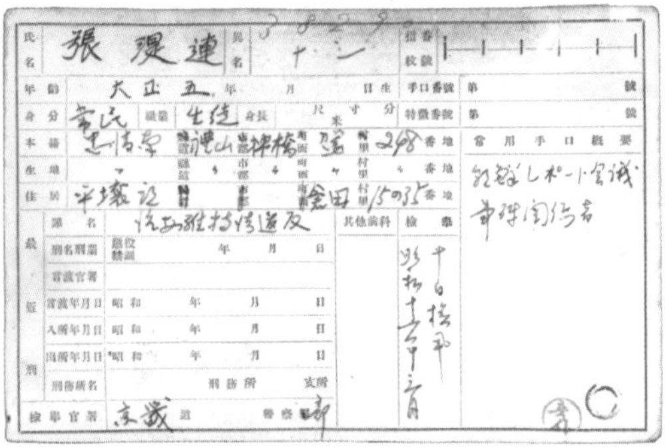

氏名	張燦連	異名	
年齡	大正五年 月 日生	手口番號	第 號
身分	常民	職業	生徒
身長	尺 寸 分	特徵番號	第 號
本籍			番地
出生地			番地
住居	平壤		番地
罪名	治安維持法違反	其他前科	檢擧
刑名刑期	懲役 禁錮 年 月 日		
言渡官署			
言渡年月日	昭和 年 月 日		
入所年月日	昭和 年 月 日		
出所年月日	昭和 年 月 日		
刑務所名	刑務所 支所		
檢擧官署	京畿道 警察部		
常用手口概要			

홍명숙 洪明淑

1874년 12월
당시 나이 46세

본적 평안남도 대동군 대동강면 두단리 **신분** 상민 **직업** 교사

죄명 보안법 위반_ 1년

평남 대동군에서 독립만세운동을 전개하다가 피체되었다.

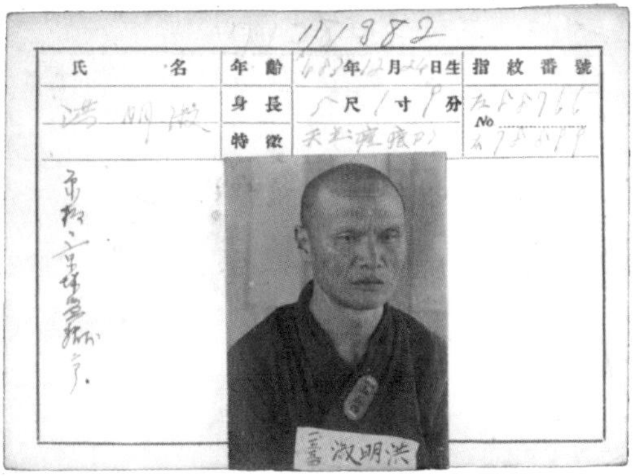

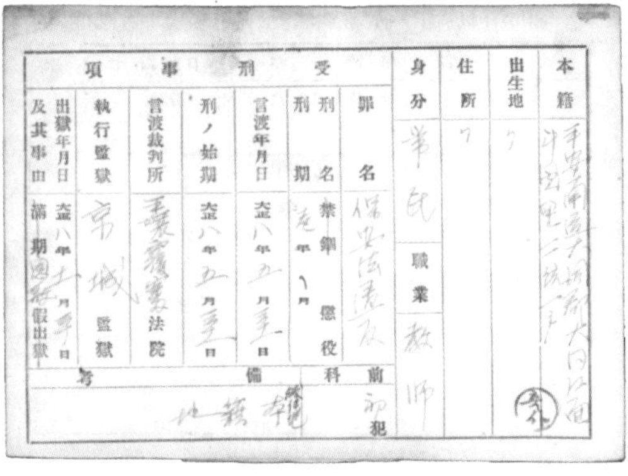

1921년 3월

황영임 黃英任

본적 경기도 강화군 서도면 혜음도리 **직업** 여공

죄명 치안유지법 위반

17. 3. 6
昭和 16 年 6 月 24 日 西大門刑務所 ニ於テ撮影 保存原板 第 號

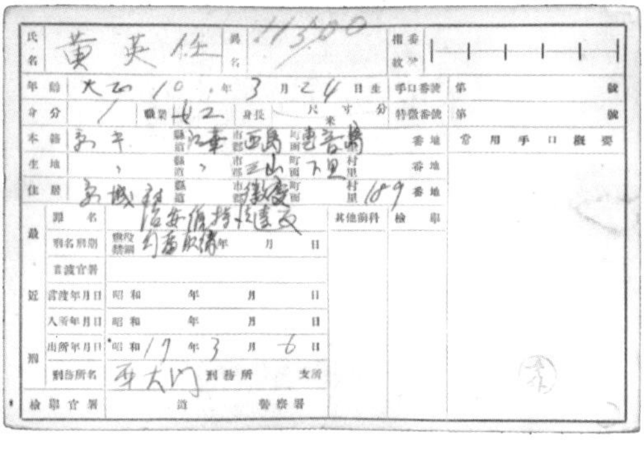
氏名 黃英任
指紋番號
年齡 大正 10 年 3 月 24 日生
手口番號 第 號
身分 職業 身長 尺 寸 分
特徵番號 第 號
本籍 縣道 市郡 町面 番地
常用手口概要
生地 縣道 市郡 町面 村里 番地
住居 縣道 市郡 町面 村里 189 番地
最近刑
罪名 治安維持法違反
其他前科 檢擧
刑名刑期 懲役 年 月 日
言渡官署
言渡年月日 昭和 年 月 日
入所年月日 昭和 年 月 日
出所年月日 昭和 17 年 3 月 6 日
刑務所名 西大門 刑務所 支所
檢擧官署 道 警察署

황재옥 黃在玉

1860년 1월
당시 나이 40세

본적 경기도 여주군 대신면 윤촌리 **신분** 상민 **직업** 농업

죄명 보안법 위반_ 8월

자신이 소유한 밭에서 봉화를 올리고 수십 명을 규합, 독립만세를 고창하는 등 활동하다가 체포되었다.

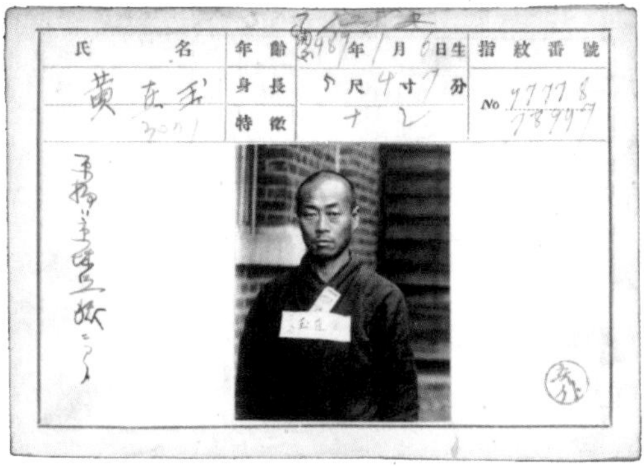

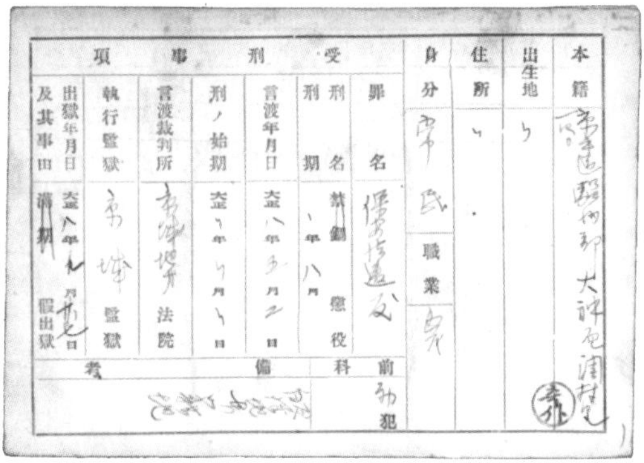

5

제 5 장

'해방', 당연하지 않은 자유

한국은 해방되어야 한다.
Korea must be free.

한국의 얼은 마침내 다시 입을 열었다. 1910년 이래 두 번째로 한국의 인민은 정의와 자유의 이름 아래 무력에 반항하고 죽음에 도전하면서 대규모로 일어났다.

한국의 현재 소요는 논파(論破)할 수 없는 논쟁이다. 한국 민중은 어떠한 상황이나 조건하에서도 굴종하고 종식되지 않을 것이다. 그 민중이 서슴치 않고 말하는 소리는 그들에게 있어서 자유가 인생 그 자체보다도 더 중요하다는 것이다.

하나의 사소한 사건이 현재의 폭동을 촉발시켰다. 그러나 그것은 지금까지 억압되었던 민족적인 감정이 통어(統御)할 수 없는 불길로 타오르게 하는 데에 하나의 큰 불꽃이 되기에 충분하였다. 한국은 자주 말하지는 않는다.

출처: 공훈전자사료관, 독립운동사자료집 7: 임시정부사자료집, 『한국은 해방되어야 한다 외(外)』, 서문 중에서

동의단지회 혈맹

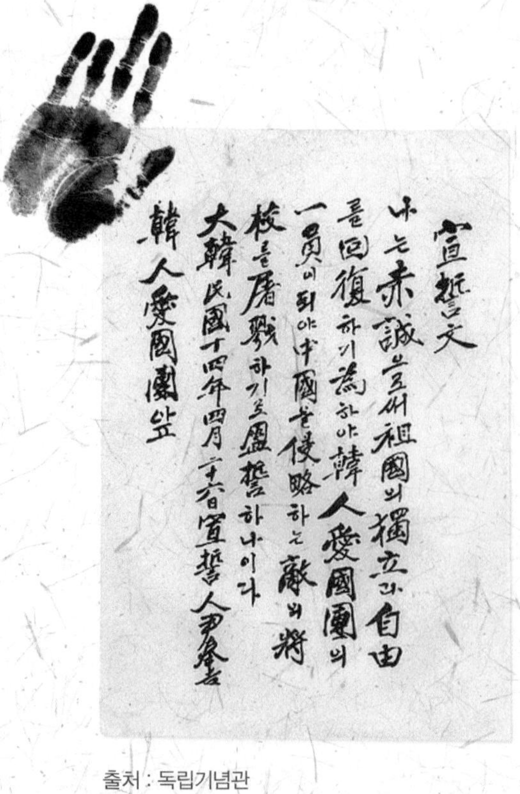

宣誓文

나는 赤誠으로써 祖國의 獨立과 自由를 回復하기 爲하야 韓人愛國團의 一員이 되야 中國을 侵略하는 敵의 將校를 屠戮하기로 盟誓하나이다

大韓民國十四年四月二十六日 宣誓人 尹奉吉

韓人愛國團 앞

출처 : 독립기념관

우리들이 전후에 전혀 아무 일도 이루지 못했으니 비웃음으로 면하기 어려울 것이요, 뿐만 아니라 만일 특별한 단체가 없으면 어떤 일이고 간에 목적을 달성하기가 어려울 것인 즉, 오늘 우리들은 손가락을 끊어 맹서를 같이 지어 증거를 보인 다음에 마음과 몸을 하나로 묶어 나라를 위해 몸을 바쳐, 기어이 목적을 달성하도록 하는 것이 어떻소 하자 모두가 그대로 따르겠다 하여 마침내 열두 사람이 각각 왼손 약지를 끊어 그 피로써 태극기 앞면에 글자 넉 자를 크게 쓰니 대한독립이었다.

3 · 1운동 민족기록화.
대한독립만세를 외치는 군중의 모습.

임시정부 국무원 기념 사진.
앞줄 왼쪽부터 신익희, 안창호, 현순,
뒷줄 김철, 윤현진, 최창식, 이춘숙.

한인학생양성소 교사.
앞줄 왼쪽부터 김관흥, 윤필권, 오림하(吳林河)
가운뎃줄 길천우, 곽림대(郭林大), 임초
뒷줄 황사용, 이대위(李大爲), 안창호.

중앙육군군관학교 졸업생.

대한민국 국군의 주요 임무는 적으로부터 국가와 국민을 보호하는 것이다. 일본 강점기 우리 민족도 군대를 결성하였다. 1940년, 일본으로부터 빼앗긴 주권과 국민, 그리고 영토를 회복하기 위해 조직한 한국광복군이 바로 그것이다.

6·10만세운동
1926. 06. 10.

다시 한 번 3·1운동을!

1926년 조선의 마지막 국왕인 순종이 서거하자 6월 10일 인산일에 맞춰 다시 대규모의 항일독립운동이 일어났다. 3·1운동과 같은 상황이었지만, 일본 경찰에게 발각되어 실패했다. 그러나 6·10만세운동은 학생들이 자발적으로 조직을 만들어 중심점 역할을 하였다는 데 큰 의미가 있다.

그러나 체포를 면한 학생들은 순종 황제의 상여가 종로 단성사 앞을 통과할 때 양쪽에 있던 2만 명의 학생과 30만 명의 군중에게 전단을 뿌리며 만세를 부르기 시작했다. 강우규의 폭탄투척사건 이후 일본 헌병과 경찰의 경계는 군중을 바라보는 방식으로 바뀌었으며, 이로 인해 1만 명의 경관에게 체포된 학생들의 수는 260명이나 되었다.

일본의 항복
1945. 08. 15.

제2차 세계대전은 연합군의 승리로 종결되었고 오키나와를 지키던 일본군은 포츠담 선언을 묵살하고 전쟁에 매진한다는 담화를 발표했다. 일본이 좀처럼 항복하지 않자 미국은 나가사키에 원자폭탄을 투하하고 일본이 정신을 차릴 수 없을 정도로 폭탄 세례를 퍼부었다. 1945년 8월 15일, 마침내 일본 천황은 연합국에게 항복을 수락했고 일본 국민들에게는 라디오를 통해 일본의 항복을 알렸다. 그러나 고된 훈련도 마다하지 않았던 광복군은 기뻤지만 한편으로 왜적을 소탕하지 못한 원통함이 더 크게 남았다.

중앙청에서
내려지는 일장기

광복 직후 해맑은 아이들.

마포나루 전경.

독립선언서

우리는 오늘 조선이 독립한 나라이며,
조선인이 이 나라의 주인임을 선언한다.

사진출처

대한민국역사박물관, 서울역사박물관, e영상 역사관

p. 16 ⓒ독립기념관
p.18 ⓒ독립기념관(Helen F. MacRae 기증)
p. 19, pp. 20-21, pp. 23-24 ⓒ독립기념관(서재필기념재단 기증)
ⓒ서울역사박물관
p. 22, pp. 26-27, p29 ⓒ서울역사박물관
p. 91 ⓒ독립기념관(Helen F. MacRae 기증)
p. 94 ⓒ국립중앙박물관
p. 96 ⓒigoodnews
p. 99 ⓒ독립기념관(송두술 기증)
p. 101, p. 104, p. 106 ⓒ독립기념관
p. 107 ⓒ독립기념관
pp. 108-109 ⓒ국사편찬위원회
p. 165, p.331 ⓒ독립기념관(안수산 기증)
p. 166 ⓒ국립중앙박물관
p. 167 ⓒe영상 역사관
p. 169 ⓒ독립기념관(한국문화예술진흥원 기증)
P. 246 ⓒ독립기념관
p. 250 ⓒ국립중앙박물관
p. 340 ⓒ독립기념관(서재필기념재단 기증)
p. 341 ⓒ독립기념관(최상진 기증)
p. 326 ⓒ독립기념관(Susan Ahn Cuddy 기증)
p. 322, p. 324, p. 328, p. 339 ⓒ독립기념관

참고문헌

『국립중앙박물관』, 『한국민속문화대백과』, 『국사편찬위원회』, 『세계한민족문화대백과사전』, 『공훈전자사료관』, 『국가기록원』.

『릴뤼스트라시옹 L'Illustration』, 프랑스, 〈가련하고 정다운 나라, 한국〉, 1904. 05. 14. p. 335.

『더 그래픽 The Graphic』, 영국, 〈서울탐방〉, 1894. 08. 04. pp. 123-124.

『하퍼스 위클리 Harper's Weekly』, 프랑스, 〈한국의 운명〉, 1904. 02. 20. pp. 269-270.

프레더릭 매켄지F.A. Mckenzie, 『데일리 메일Daily mail』, 영국, 1907.

『르 프티 파리지엥 Le Petit Parisien』, 프랑스, 〈사형수를 대상으로 한 사격 연습〉, 1904. 12. 18. pp. 405-406.

『르 프티 주르날 Le Petit Jorunal』, 프랑스, 〈혼란에 빠진 한국〉, 1907. 09. 07. p. 242, p. 248.

국사편찬위원회, 『대한민국임시정부자료집21』, 주한 파리위원부, 〈자유한국 La Coree Libre〉, 1920. 11.

국사편찬위원회, 『한민족독립운동사 11』, 〈국채보상의 전개〉.

『릴뤼스트라시옹 L'Illustration』, 프랑스, 〈한국에 온 일본군〉, 1904. 04. 23. pp. 262-pp. 263.

독립기념관, 공훈전자사료관 『독립운동사사료집』, p. 334.

대한독립,
평범한 사람들이
그곳에 있었다

초판 1쇄 찍은날 2020년 8월 01일
초판 1쇄 펴낸날 2020년 8월 14일

그림 양경수

펴낸이 박성신 | **펴낸곳** 도서출판 쉼
책임편집 이미선
등록번호 제406-2015-000091호
주소 경기도 파주시 문발로115, 세종벤처타운 304호
대표전화 031-955-8201 | **팩스** 031-955-8203
전자우편 8200rd@naver.com

ISBN 979-11-87580-45-4 (03910)